市场营销原理与实践

李 军 邓敏慧 刘 娟◎主 编

中国出版集团

中译出版社

图书在版编目（CIP）数据

市场营销原理与实践 / 李军, 邓敏慧, 刘娟主编.
北京 : 中译出版社, 2024. 6. ‒‒ ISBN 978‒7‒5001
‒8008‒1

Ⅰ. F713.50

中国国家版本馆CIP数据核字第2024XV8342号

市场营销原理与实践

SHICHANG YINGXIAO YUANLI YU SHIJIAN

出版发行 / 中译出版社
地　　址 / 北京市西城区新街口外大街28号普天德胜大厦主楼4层
电　　话 /（010）68359827, 68359303（发行部）；68359287（编辑部）
邮　　编 / 100044
传　　真 /（010）68357870
电子邮箱 / book@ctph.com.cn
网　　址 / http://www.ctph.com.cn

策划编辑 / 于建军
责任编辑 / 于建军
封面设计 / 蓝　博

排　　版 / 雅　琪
印　　刷 / 廊坊市文峰档案印务有限公司
经　　销 / 新华书店

规　　格 / 710毫米 × 1000毫米　　　1/16
印　　张 / 14
字　　数 / 230千字
版　　次 / 2025年1月第1版
印　　次 / 2025年1月第1次

ISBN 978‒7‒5001‒8008‒1　　　　　　　**定价：**78.00元

  市场营销，作为商业领域中至关重要的一环，既是一门学科，更是一项艺术与科学的完美结合。在当今竞争激烈、市场变化迅速的时代，了解并掌握市场营销的原理与实践对于企业的成功至关重要。本书《市场营销原理与实践》旨在系统性地介绍市场营销领域的基本概念、重要原理和实际应用，以帮助读者深入理解并灵活运用市场营销的理论知识。

  首先，本书深入探讨了市场营销的概念及其在商业活动中的历史演变。市场营销不仅仅是一种推销产品的手段，更是一种全面的战略思维，它贯穿于企业的各个环节，并对企业的长期发展产生深远影响。通过对市场营销的历史渊源进行梳理，我们可以更好地理解市场营销的发展脉络，从而更好地把握其核心要义。

  其次，本书强调了市场分析与调研的重要性。在竞争激烈的市场环境中，准确地把握市场动态和消费者需求变化，是企业制定有效营销策略的基础。因此，本书对市场环境分析、目标市场确定、市场细分和需求评估等方面进行了深入研究，并提供了丰富的案例和实践指导，帮助读者掌握市场调研的方法与技巧。

  在产品与服务管理、渠道与物流管理、促销与广告等方面，本书也提供了具体的策略与方法。从产品生命周期管理到渠道规划与管理，从促销策略到数字营销，为读者呈现了一幅全面而立体的市场营销画卷。特别是在数字化时代的背景下，更加强调了数字营销与社交媒体营销的重要性，指导企业如何在互联网时代实现营销的转型与升级。

  除了国内市场，国际市场也是企业拓展业务的重要方向。因此，本书还涵盖了国际市场营销的相关内容，包括国际市场环境与机遇、跨文化市场营销、国际

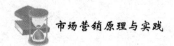

品牌建设等。通过对不同国家和地区市场特点的分析，帮助企业更好地制定国际市场进入策略，并建立具有竞争优势的国际品牌。

最后，本书对市场营销的未来趋势进行了展望，指出了数字化、个性化、智能化等是市场营销发展的重要方向。随着科技的不断进步和社会的不断发展，市场营销领域将会迎来更多的创新与变革，希望本书所提供的理论与实践指导将为读者在未来的发展道路上提供有力支持。

由于水平及时间所限，书中不足之处在所难免，敬请读者批评指证。

编者

2024 年 5 月

目 录
CONTENTS

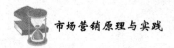

市场营销概述

第一节 市场营销的定义与历史演变

一、市场营销的定义

市场营销，又称市场学、市场行销或行销学，是一个涉及多方利益的复杂过程。它不仅仅是企业为了推动产品或服务的销售而进行的活动，更是一种交易价值的过程，旨在实现双赢或多赢的局面。市场营销的概念涵盖了两种不同但相互关系的方式，分别是动词理解和名词理解。

（一）动词理解

从动词角度来理解，市场营销不仅仅是企业为了促进产品或服务的销售而进行的一系列活动，更是一种综合性的经营手段，它涉及市场分析、客户关系管理、产品定位、营销策略制定等多个方面，旨在实现企业长期发展和利润最大化的目标。

第一，市场营销的核心在于满足客户需求。在竞争激烈的市场环境中，企业要想获得竞争优势，就必须深入了解客户的需求和偏好，不断调整和优化产品或服务，以满足客户的需求。这就要求企业在市场营销过程中，注重与客户的沟通和互动，建立起良好的客户关系，从而增加客户的忠诚度和满意度，促进产品或服务的销售。

第二，市场营销涉及产品定位和品牌建设。在市场竞争日益激烈的情况下，企业需要通过明确定位自己的产品或服务，找准自己在市场中的位置和定位，以及突出自己的特色和优势，从而与竞争对手形成差异化竞争。同时，通过品牌建设，企业可以提升产品或服务的知名度和美誉度，增强消费者对产品或服务的信

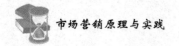

任感和认同感，进而提高销售额和市场份额。

第三，市场营销需要制定合适的营销策略。企业需要根据市场分析和客户需求，制定相应的营销策略，包括产品定价、渠道选择、促销活动等方面。这就要求企业在制定营销策略时，考虑到市场的实际情况和客户的需求，灵活调整策略，以适应市场的变化和发展。

第四，市场营销还需要不断创新和改进。随着市场环境的变化和客户需求的不断变化，企业需要不断进行创新和改进，推出符合市场需求的新产品或服务，提升产品或服务的竞争力和吸引力，从而实现企业的长期发展和利润最大化。

（二）名词理解

从名词角度来理解，市场营销不仅是企业经营活动的一个方面，更是一门独立的学科，即市场营销学。市场营销学作为一门综合性学科，旨在深入研究企业在市场经营中所面临的种种挑战和机遇，以及如何制定有效的营销策略来应对这些挑战和利用这些机遇。

第一，市场营销学关注市场分析。市场分析是市场营销学的基础，它涉及对市场环境、竞争对手、消费者行为等方面的研究和分析。通过市场分析，企业可以更好地了解市场的结构和特征，把握市场的机会和挑战，从而制定有效的营销策略。

第二，市场营销学关注市场定位和目标市场选择。市场定位是指企业针对特定的目标市场，确定并建立自己在该市场中的位置和形象。市场定位需要通过市场细分、目标市场选择和差异化定位等手段来实现，旨在使企业的产品或服务与竞争对手相区别，获得竞争优势。

第三，市场营销学关注市场调研。市场调研是市场营销活动的重要前提，它涉及对市场需求、消费者行为、竞争对手等方面的调查和分析。通过市场调研，企业可以了解市场的真实情况，找准市场定位和营销策略，降低市场风险，提高市场竞争力。

第四，市场营销学还关注市场策略的制定和执行。市场策略是企业在市场营销活动中制定的长期或短期的行动计划，旨在实现企业的营销目标。市场策略涵盖了产品策略、定价策略、渠道策略、促销策略等方面，需要根据市场调研和市场分析的结果来制定，并通过有效地执行来实现。

第五，市场营销学还关注市场推广和营销效果评估。市场推广是指企业通过广告、促销、公关等手段向目标客户传达产品或服务的信息，促使他们进行购买行为的过程。而营销效果评估则是对营销活动的效果进行定量和定性的评估和分析，以便及时调整和优化营销策略。

就这两种理解而言，市场营销都是一个动态的过程，需要不断地适应市场环境的变化和客户需求的变化。它不仅是企业赢得市场竞争的关键，也是推动社会经济发展的重要驱动力之一。

二、市场营销理念的演变

（一）社会营销观念的演变

1.早期市场导向

早期的市场导向观念在商业发展的初期占据了主导地位。这一时期，企业的经营目标主要是追求利润最大化，而市场营销的核心焦点放在产品的生产和销售上。企业将消费者视为产品销售的对象，通过广告、促销等手段来吸引顾客，从而实现销售额的增长和市场份额的扩大。

在早期的市场导向观念中，企业通常采取以下几种策略来推动产品销售：

（1）产品导向的生产理念：企业注重生产过程，追求生产效率和产品质量的提高。他们相信消费者会购买高质量的产品，因此将重心放在产品的设计、生产和供应上。

（2）销售导向的营销策略：企业通过广告、促销等方式来推动产品的销售。他们将市场营销的目标定位在提高销售额和市场份额上，而忽视了对消费者需求的深入了解和满足。

（3）利润导向的经营理念：企业追求利润最大化，将销售额和市场份额作为衡量经营绩效的主要标准。因此，他们的经营策略通常着眼于如何通过提高销售量和销售价格来实现利润最大化。

在这种早期的市场导向观念引导下，企业往往忽视了消费者的真实需求和偏好，过分强调了产品的生产和销售，导致了产品与市场需求之间的脱节。随着市场竞争的加剧和消费者意识的提高，这种单纯以销售为导向的市场观念逐渐被更

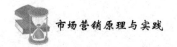

加注重消费者需求和市场导向的理念所取代。

2. 社会营销观念的提出

社会营销观念的提出标志着市场营销理念的深刻变革，强调企业不仅应关注自身利益，还要积极承担社会责任，促进社会的可持续发展和消费者的整体福祉的提高。

第一，世界经济危机和环境问题的日益突出促使人们开始重新审视市场营销的本质。随着经济全球化进程的加速和市场竞争的日益激烈，企业逐渐意识到单纯以追求利润最大化为目标的市场营销理念已经无法适应当今复杂多变的市场环境。同时，环境污染、资源枯竭等问题的加剧也迫使企业思考如何通过市场营销实践来推动可持续发展，保护环境和社会的长期利益。

第二，社会营销观念的提出受到了消费者意识的影响。随着消费者对产品质量、安全、环保等方面的关注日益增强，消费者开始要求企业承担更多的社会责任，提供更具有社会责任感的产品和服务。在这种背景下，企业被迫重新审视自身的市场营销策略，将社会责任纳入企业经营的核心理念之中。

第三，社会营销观念的提出也受到了政府政策的引导和支持。各国政府通过立法、政策引导等手段，鼓励企业积极参与社会公益事业，推动绿色、可持续发展。政府的政策导向为企业提供了法律、政策和经济等方面的支持和保障，促进了社会营销观念的普及和实践。

3. 生态准备观念的兴起

生态准备观念的兴起标志着市场营销理念的进一步演进，强调了企业在市场营销活动中应该更加重视环境保护和资源的可持续利用。这一观念的兴起与社会对环境问题的日益关注以及消费者对环保产品和服务的需求增加密不可分。

第一，随着全球环境问题日益突出，如气候变化、生态系统退化、资源枯竭等，人们开始意识到环境保护的重要性。企业不仅要考虑自身的经济利益，还要承担起对环境的责任，积极采取措施减少对环境的负面影响。这种意识的转变引发了生态准备观念的兴起，企业开始将环境保护纳入市场营销活动的考量之中。

第二，消费者对环保产品和服务的需求日益增加。随着环境意识的提升，越来越多的消费者开始选择购买环保产品和支持环保企业。他们更加关注产品的生产过程、材料来源以及对环境的影响，对那些具有环保意识和社会责任的企业更加信赖和支持。因此，为了满足消费者的需求并赢得他们的支持，企业需要积极响应生态准备观念，推出符合环保要求的产品和服务。

第三，政府对环保产业的支持也推动了生态准备观念的兴起。许多国家和地区通过出台环保政策、提供环保补贴等方式，鼓励企业积极投入环保产业，推动绿色经济的发展。这为企业积极响应生态准备观念提供了政策保障和经济支持，促进了该观念的普及和实践。

（二）产品观念的演变

1. 生产导向时期

在生产导向时期，企业的关注点主要集中在产品的制造和供应上。这一时期，企业普遍认为消费者会购买高质量的产品，因此他们的主要任务是提高生产效率和产品质量，以满足消费者的需求。生产导向的企业通常将自身的技术能力和生产能力视为竞争优势，而忽视了市场调研和消费者需求的重要性。因此，这一时期的产品观念更注重的是产品的生产过程，而非产品是否真正满足市场需求。

2. 产品导向时期

随着市场竞争的加剧，企业逐渐意识到单纯追求产品的生产和质量并不足以赢得消费者的青睐。因此，产品观念开始向产品导向转变。在产品导向时期，企业开始更加关注产品的功能、特点和品质，致力于不断改进产品以满足消费者的需求。这意味着企业在产品设计和研发过程中更加注重产品的特性和性能，以及产品是否能够真正解决消费者的问题和需求。

3. 市场导向时期

市场导向时期标志着产品观念的进一步演变。企业逐渐意识到应该将市场需求置于产品开发的核心位置。在这一阶段，企业开始更加重视市场调研和消费者反馈，积极倾听消费者的意见和建议，并根据市场需求调整产品设计和开发方向。市场导向的企业更注重市场的需求和趋势，以及消费者的反馈意见，这有助于企业更好地把握市场机会，并更准确地满足消费者的需求。

4. 顾客导向时期

顾客导向时期是产品观念的最高境界。在这一阶段，企业将消费者的需求

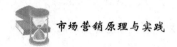

和期望置于产品开发的首要位置。企业不仅要深入了解消费者的需求和偏好，还要不断创新和改进产品，以满足消费者的个性化需求，赢得消费者的信任和忠诚度。顾客导向的企业不仅关注产品的质量和功能，还注重产品的整体体验以及与消费者之间的互动和沟通，这有助于建立长期稳定的客户关系，实现企业的可持续发展。

三、市场营销学的研究内容

市场营销学作为一门学科，涵盖了广泛而深入的研究内容，旨在帮助人们更好地理解市场营销活动的本质和规律。

（一）市场分析

市场分析是市场营销学中的基础性内容，涉及对市场环境、竞争对手、消费者行为等方面的深入研究。首先，市场分析需要对市场环境进行全面的调查和了解，包括政治、经济、社会、技术等因素对市场的影响。其次，对竞争对手的分析是市场分析的重要组成部分，企业需要了解竞争对手的产品、定价、渠道、促销等策略，以制定相应的应对措施。最后，市场分析还需要深入研究消费者的行为和偏好，包括购买决策过程、消费者需求、消费者心理等方面的内容。通过市场分析，企业可以更准确地把握市场需求，制定有效的营销策略，提高市场竞争力。

（二）市场定位

市场定位是企业在市场营销活动中确定和建立自己在目标市场中的位置和形象的过程。市场定位需要通过市场细分、目标市场选择和差异化定位等手段来实现。首先，市场细分是指将整个市场划分为不同的细分市场，以便更好地满足不同消费者群体的需求。其次，企业需要选择适合自身发展的目标市场，根据市场规模、增长潜力、竞争程度等因素来确定目标市场的选择。最后，差异化定位是指企业通过产品差异化、定价差异化、服务差异化等手段来赢得目标市场的认可和支持，从而实现竞争优势和市场份额的增长。

（三）市场调研

市场调研是市场营销活动的重要前提，其目的在于了解市场的真实情况，找准市场定位和营销策略，降低市场风险，提高市场竞争力。市场调研主要涉及对市场需求、消费者行为、竞争对手等方面的调查和分析。通过定性和定量研究方法，企业可以获取大量的市场信息和数据，从而更准确地把握市场趋势，制定针对性的营销策略。市场调研需要与市场分析相结合，以确保市场营销活动的有效实施。

（四）市场策略

市场策略是企业在市场营销活动中制定的长期或短期的行动计划，其目的在于实现企业的营销目标。市场策略涵盖了产品策略、定价策略、渠道策略、促销策略等方面。首先，产品策略涉及产品的设计、开发、定位和品牌建设等方面，以确保产品能够满足消费者的需求并具有竞争优势。其次，定价策略涉及确定产品的价格水平和定价策略，以保证企业的盈利能力和市场竞争力。再次，渠道策略涉及产品的销售渠道选择和管理，以确保产品能够顺利地被消费者购买。最后，促销策略涉及通过广告、促销活动、公关等手段向目标客户传达产品或服务的信息，以促进销售和市场份额的增长。

（五）市场推广

市场推广是企业通过各种手段向目标客户传达产品或服务的信息，促使他们进行购买行为的过程。市场推广涉及广告、促销、公关等多种手段和渠道，旨在增强品牌知名度、提升产品或服务的认知度，吸引潜在客户并促成交易的达成。首先，广告是市场推广中最常用的手段之一，通过电视、广播、互联网等媒体向大众传播产品或服务的信息，以提高品牌知名度和市场曝光度。其次，促销是市场推广的重要方式之一，包括折扣促销、赠品促销、满减活动等，旨在刺激消费者的购买欲望，增加销售额和市场份额。最后，公关活动也是市场推广的重要组成部分，企业通过媒体宣传、赞助活动、社交媒体互动等手段塑造良好的企业形象，提升品牌价值和美誉度。综上所述，市场推广是市场营销活动中至关重要的一环，通过各种手段和渠道向目标客户传递产品或服务的信息，从而实现销售和市场份额的增长。

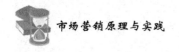

第二节 市场营销的重要性与作用

一、市场营销在商业活动中的关键作用

（一）了解市场需求和把握市场动态

1. 市场营销作为沟通企业与外部环境的桥梁

市场营销在企业运作中扮演着极为重要的角色，它不仅是产品销售的手段，更是企业与外部环境之间的桥梁和纽带。通过市场营销活动，企业可以与消费者、竞争对手以及整个市场环境进行有效地沟通和互动，从而更好地了解市场需求、把握市场动态，为企业的战略决策提供重要支持和参考。

2. 深入了解市场需求

市场营销活动不仅仅是产品的销售过程，更重要的是对市场需求的深入了解。通过市场调研、消费者反馈、行业分析以及竞争对手情报收集等手段，企业可以获取关于消费者偏好、需求变化、新兴趋势以及市场规模的信息。这些信息为企业提供了有力的支撑，使其能够针对性地开展产品设计、市场定位和营销活动，以满足消费者的需求并赢得市场份额。

3. 把握市场动态

市场是一个不断变化的环境，对市场动态的把握是企业长期发展的关键。通过监测市场竞争对手的动向、消费者行为的变化以及外部环境的变化，企业可以及时调整自己的策略和方针，保持竞争优势。市场营销活动提供了一个持续观察市场的窗口，通过收集和分析市场数据，企业可以及时发现市场变化的迹象，预测市场发展的趋势，制定灵活的应对策略，以保持企业在市场中的竞争地位。

（二）制定产品策略

1. 市场营销活动提供市场需求信息

市场营销活动为企业提供了解市场需求的重要信息。通过市场调研和分析，企业可以深入了解消费者的需求和偏好，把握市场的需求趋势，为产品策略的制定提供数据支持和参考依据。这些信息有助于企业理解市场的需求状况，预测市场的发展趋势，为产品设计和开发提供方向性的指导。

2. 调整产品设计和功能

市场营销活动的结果可以指导企业调整产品的设计和功能，使其更符合消费者的需求和期待。通过收集消费者的反馈意见和市场调研数据，企业可以了解消费者对产品的喜好和不满意之处，及时调整产品的设计，增加新的功能或特点，以提高产品的竞争力和市场占有率。这种持续的产品优化过程有助于企业不断改进产品，满足不断变化的市场需求。

3. 提高产品的竞争力

通过制定合适的产品策略，企业可以更好地满足市场需求，提高产品的质量和性能，增加产品的附加值，从而在激烈的市场竞争中脱颖而出，赢得消费者的青睐和信任。优质的产品策略不仅可以帮助企业建立良好的品牌形象，还可以提高产品的市场占有率和销售额，实现企业的长期发展目标。

（三）制定定价策略

1. 获取市场价格信息

市场营销活动为企业提供了知悉市场价格水平的重要途径。通过市场调研和竞争对手的定价策略分析，企业可以了解市场上同类产品的价格水平，为自己的定价策略制定提供参考。这种获取市场价格信息的过程不仅涉及对竞争对手的定价策略进行分析，还需要考虑到消费者的支付意愿、产品的附加价值以及市场的需求状况等因素。

2. 制定合理的定价策略

市场营销活动还可以帮助企业确定合理的定价策略。企业可以根据产品的成本、市场需求、产品差异化程度和竞争对手的定价情况等因素，制定出能够在市场上获得良好销售和利润的定价策略。在制定定价策略时，企业需要综合考虑各种因素，权衡产品的价值与市场的需求，确保定价能够平衡企业的盈利与消费者的支付意愿。

3. 保持价格竞争力

通过市场营销活动，企业可以灵活调整定价策略，及时应对市场价格的变化和竞争对手的价格战略，保持产品的价格竞争力，确保企业在市场中的地位稳固。在竞争激烈的市场环境中，保持价格竞争力对企业至关重要，它可以帮助企业吸引更多的消费者，促进产品的销售增长，并维持企业的盈利能力。

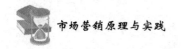

二、市场营销对企业长期发展的重要性

（一）长期战略

1. 市场营销的长期性

市场营销是一项长期的战略，不仅仅局限于短期的销售活动，而且注重与客户的长期关系建立和维护。通过持续的市场营销活动，企业可以实现与客户的紧密联系，不断满足客户需求，提升客户满意度，从而赢得客户的忠诚和长期支持。

2. 产品和服务品质提升

通过市场营销活动，企业可以不断提升产品和服务的品质。通过与客户的沟通、聆听客户的反馈，企业可以了解客户的需求和期望，及时调整产品设计、生产和服务流程，确保产品和服务能够满足客户的需求，提升客户体验和满意度。

3. 树立良好的企业形象

市场营销活动有助于企业树立良好的品牌形象和企业形象。通过广告、公关、赞助等市场营销手段，企业可以向客户传递积极的形象和价值观，增强客户对企业的信任和认可，从而建立稳固的品牌基础，为企业长期发展奠定坚实的基础。

（二）客户忠诚度

1. 建立稳固的客户关系

市场营销活动有助于企业与客户建立稳固的关系。通过个性化的营销和服务，企业可以满足客户的个性化需求，增强客户的满意度和忠诚度。持续的市场营销活动可以使客户感受到企业的关怀和重视，增强客户与企业之间的情感纽带。

2. 提升客户忠诚度

客户忠诚度是企业长期发展的重要保障。通过市场营销活动，企业可以提升客户的忠诚度。通过优质的产品和服务、个性化的客户体验、持续的沟通和关怀，企业可以赢得客户的信任和支持，使其成为长期的忠实客户，为企业带来稳定的销售收入和利润。

3. 客户口碑推广

忠诚的客户不仅会持续购买企业的产品或服务，还会成为品牌的推广者。通过良好的口碑推广，忠诚的客户可以为企业带来更多的新客户和销售机会，推动企业的业务持续增长和发展。

（三）品牌建设

1. 树立品牌形象

品牌形象是市场营销活动的重要组成部分，它有助于企业树立独特的品牌形象。通过市场推广、品牌建设和宣传活动，企业可以向客户展示自己独特的产品特点、企业文化和核心价值观，塑造独特的品牌形象，使自己在竞争激烈的市场中脱颖而出。品牌形象是客户对企业的认知和印象，是企业的核心竞争力之一。通过持续的品牌建设活动，企业可以树立积极、专业、可靠的品牌形象，吸引更多的消费者和客户，提高品牌的吸引力和影响力。

2. 提升品牌知名度

市场营销活动可以帮助企业提升品牌的知名度和美誉度。通过广告、公关、赞助等市场营销手段，企业可以将自己的品牌推广给更多的客户，扩大品牌影响力和市场份额，增强品牌在市场中的竞争力和地位。品牌知名度是客户对品牌的熟悉程度和认知度，是品牌在市场中的重要资产之一。通过持续的市场推广活动，企业可以提升品牌知名度，增加品牌曝光度，加强品牌与消费者之间的联系和认同感，从而提高品牌的市场份额和竞争优势。

3. 赢得消费者信任和支持

通过市场营销活动，企业可以赢得消费者的信任和支持。通过产品质量的保证、服务的提升和宣传推广等手段，企业可以向消费者传递积极的品牌形象和价值观，赢得消费者的信任和认可，从而增加销售量和市场份额，实现企业的长期发展和持续壮大。消费者信任是品牌成功的基础，是企业与消费者之间建立稳固关系的重要前提。通过建立良好的产品质量和服务口碑，积极参与社会责任活动，提高品牌的诚信度和信誉度，企业可以赢得消费者的信任和支持，建立忠诚的客户群体，为品牌的长期发展奠定坚实基础。

第三节　市场营销的基本概念与原理

一、市场营销概念的阐述和解析

市场营销作为一种经营哲学，是在消费者需求的基础上实现的经营活动，体现

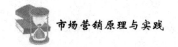

了消费者主权论的理念。其核心在于以以消费者为中心，通过对市场需求的准确把握和客观分析，建立有效的营销目标，并通过合适的手段和策略来实现这些目标。

（一）市场营销的概念阐述

市场营销作为一种经营活动，旨在满足消费者的需求，并通过产品或服务的推广、销售和交易等手段来实现企业的经济利益。其核心在于将消费者置于市场活动的中心位置，通过深入了解消费者的需求和偏好，制定相应的营销策略和计划，从而赢得市场份额并获得盈利。

1. 市场导向和以消费者为中心

在市场导向和以消费者为中心的理念下，企业应该积极倾听和了解消费者的需求，并通过提供有价值的产品或服务来满足这些需求。

市场导向意味着企业的战略和决策应该以市场需求为导向，而不是以产品或生产能力为中心。企业应该不断了解市场的变化和趋势，洞察消费者的心理和行为，以便更好地把握市场机会，提高市场竞争力。在市场导向的指导下，企业需要进行市场调研和分析，了解目标市场的需求、竞争格局和消费者的偏好，从而制定适合市场的营销策略和计划。

以消费者为中心意味着企业应该将消费者的需求和利益放在首要位置。消费者是市场经济中的主体，其需求和行为直接影响着市场的供求关系和价格形成。因此，企业应该注重消费者的需求和体验，提供优质的产品或服务，满足消费者的个性化需求和期望。在以消费者为中心的理念下，企业需要建立健康的客户关系，通过积极地沟通和互动，增强消费者的信任和忠诚度。

市场导向和以消费者为中心的理念是市场营销成功的关键所在。只有将消费者的需求置于企业经营活动的中心位置，不断提升产品或服务的价值和品质，才能赢得消费者的信赖和支持，保持竞争优势，实现持续的商业成功。因此，企业在制定营销策略和计划时，应该始终坚持市场导向和以消费者为中心的原则，不断优化产品或服务，提升客户体验，实现双赢局面。

2. 产品和服务的推广与销售

市场营销不仅涉及产品或服务的开发和生产，更包括了推广、销售和交易等活动。这些活动在市场营销中扮演着至关重要的角色，直接影响着企业的销售业绩和盈利能力。

产品或服务的推广是指企业通过各种方式和渠道，向潜在客户传播产品或服务的信息，从而引起他们的兴趣和注意。其中，广告、促销和公关等手段是常用的推广方式。通过广告，企业可以在媒体上展示产品或服务的特点、优势和价值，吸引潜在客户的关注。促销活动则是通过特价、折扣或赠品等方式，诱导客户进行购买行为。而公关活动则是通过与媒体和社会各界建立良好的关系，提升企业形象和声誉，增强市场影响力。

销售是将产品或服务交付给消费者，并实现交易的过程。销售活动包括销售渠道的选择和管理、销售技巧的应用以及销售过程的管理等方面。企业需要建立高效的销售团队，培训销售人员掌握有效的销售技巧和沟通技巧，以提高销售效率和客户满意度。同时，销售渠道的选择也是至关重要的，企业需要根据产品特性、目标市场和竞争环境，选择合适的销售渠道，确保产品能够顺利地推向市场。

在市场营销实践中，产品和服务的推广和销售是相辅相成、缺一不可的两个环节。通过有效的推广活动，企业可以吸引潜在客户的关注和兴趣，激发其购买欲望；而通过精准的销售策略和技巧，企业可以将潜在客户转化为实际购买者，实现销售额的增长和利润的最大化。

3. 目标市场和市场份额的获取

市场营销的目标之一是获取目标市场的份额，并通过满足消费者需求不断增加市场份额。实现这一目标的关键在于有效地进行市场细分和定位，以及制定相应的营销策略和计划。

市场细分是将整个市场划分为若干个具有相似特征和需求的子市场的过程。通过市场细分，企业可以更好地了解不同消费者群体的需求和偏好，从而有针对性地开展营销活动。市场定位则是确定企业在目标市场中的位置和形象，以及如何在消费者心目中树立独特的品牌形象和价值主张。通过市场细分和定位，企业可以明确目标市场，并为后续的营销活动提供指导和依据。

一旦确定了目标市场，企业就需要制定相应的营销策略和计划，以获取市场份额。这包括了产品或服务的定价策略、渠道选择、促销活动、品牌建设等方面的内容。通过不断优化产品或服务，提升品牌形象和产品质量，企业可以吸引更多的消费者，赢得市场份额。同时，建立良好的客户关系也是至关重要的，通过

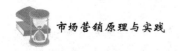

与客户建立长期稳定的合作关系，企业可以提高客户忠诚度，进而增加市场份额。

在市场营销实践中，了解目标市场的份额是企业取得商业成功的重要前提。企业需要通过深入研究市场、了解消费者需求、制定有效的营销策略和计划，不断提升市场竞争力，实现市场份额的增长和持续发展。

（二）市场营销的核心目标

1. 以顾客为中心的理念

以顾客为中心的理念是市场营销领域的核心理念之一，它强调了企业应该将顾客的需求和利益置于经营活动的中心位置，从而实现企业的长期发展和成功。这一理念的提出源于对市场环境和消费者行为的深入理解，以及对企业与消费者之间关系的重视。

在以顾客为中心的理念下，企业应该将顾客的需求和期望作为制定战略和决策的首要考虑因素。这意味着企业需要不断了解和跟踪顾客的需求和动态，包括他们的购买偏好、消费习惯、价值观念以及对产品或服务的评价和反馈意见。通过深入了解顾客，企业可以更好地把握市场需求，及时调整产品或服务的设计、定价和营销策略，从而满足顾客的需求，提高产品或服务的竞争力。

此外，以顾客为中心的理念还强调了建立良好的客户关系的重要性。企业应该积极与顾客进行沟通和互动，倾听他们的意见和建议，及时解决他们的问题和困扰，以提升顾客满意度和忠诚度。通过建立长期稳定的合作关系，企业可以赢得顾客的信任和支持，实现与顾客之间的共赢局面。

2. 建立和谐的合作关系

在市场营销领域，建立和谐的合作关系是企业与顾客之间互动的重要方面。这种关系不仅仅是指单向的销售活动，更是基于相互信任和合作的基础上建立起来的，目的是实现双方共赢的局面。

首先，建立和谐的合作关系需要企业与顾客之间保持密切地沟通和互动。企业应该主动与顾客进行交流，了解他们的需求、期望和反馈意见。通过电话、电子邮件、社交媒体等多种渠道，企业可以与顾客建立起直接、及时的沟通渠道，使得顾客可以随时随地向企业提出问题或建议。

其次，建立和谐的合作关系需要企业认真倾听顾客的意见和建议，并及时作出回应。顾客的反馈对企业来说是宝贵的信息源，可以帮助企业及时发现和解决问题，改进产品或服务的质量和性能。企业应该以开放的心态接纳顾客的批评和建议，不断改进自身的经营管理方式，以满足顾客的需求。

再次，建立和谐的合作关系还需要企业根据顾客的反馈不断改进产品或服务。企业应该将顾客的需求作为产品或服务设计和改进的重要依据，不断优化产品的功能、性能和质量，提升服务的水平和效率。通过不断改进，企业可以赢得顾客的信任和满意，建立起良好的客户关系。

最后，建立和谐的合作关系还需要企业展现出诚信和责任的态度。企业应该始终遵循诚实守信的原则，履行对顾客的承诺，保证产品或服务的质量和性能。同时，企业还应该承担起社会责任，为顾客和社会创造更大的价值，提升企业的社会形象和声誉。

3. 提高营销质量和水平

提高营销质量和水平是企业在竞争激烈的市场环境中保持竞争优势和实现长期发展的关键之一。为实现这一目标，企业需要采取一系列有效的措施，从营销策略、市场调研、市场定位到营销执行等方面进行全面的优化和提升。

首先，企业应该不断改进营销策略和方法。这包括对目标市场的深入了解，分析市场竞争态势和趋势，以及制定相应的营销策略和计划。通过科学合理地确定产品定位、定价策略、促销策略和渠道策略等，企业可以更好地满足消费者需求，提升产品或服务的市场竞争力。

其次，加强市场调研和分析是提高营销质量和水平的重要手段。企业应该定期开展市场调研，收集和分析市场信息，了解消费者的需求、偏好和行为习惯，把握市场动态和趋势。通过市场调研，企业可以更准确地把握市场需求，为产品开发和营销策略的制定提供科学依据。

再次，精准的市场定位和个性化的营销策略也是提高营销质量和水平的关键。企业应该根据不同市场细分和目标顾客群体的特点，量身定制相应的营销策略和方案。通过个性化的产品设计、定价和推广活动，企业可以更好地满足不同顾客群体的需求，提高市场占有率和竞争力。

最后，营销执行的有效实施也是提高营销质量和水平的重要保障。企业应该加强对营销团队的培训和管理，提高员工的营销能力和专业水平。同时，建立科学有效的绩效评估体系，及时调整和优化营销策略和执行计划，确保营销活动的顺利实施和有效执行。

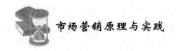

二、市场营销的核心原理

（一）核心理念是市场营销学所特有的

市场营销学之所以选择"核心理念"作为表述形式，与其作为一门现代学科、紧密关联于当代生活、吸收新潮事物，以及突显学科活力等因素密切相关。相较于其他学科，市场营销学更倾向于运用新颖、灵活的表述方式，以彰显其与时俱进的特性。市场营销学作为一门应用性学科，其核心理念是围绕消费者展开，以此突显其活跃性和实践性。同时，核心理念的选择也为市场营销学与其他学科区隔开来，凸显其独特性和独立性。

（二）核心理念贯穿市场营销学始终

市场营销学的每个章节几乎都与"消费者至上"观念息息相关。无论是市场预测、产品决策、渠道管理还是促销策略，都以满足消费者需求为出发点和归宿。市场营销学中的理论模块如产品决策、渠道理论等都是围绕消费者至上观念展开的。以产品决策为例，产品设计、组合等理论都是基于消费者需求展开的，强调在满足消费者需求的基础上进行产品设计和决策。因此，消费者至上观念不仅是市场营销学的核心原理，也是贯穿市场营销学始终的指导思想。

（三）核心理念对市场营销学的发展具有全局性的指导意义

市场营销学作为一门学科，其发展离不开核心理念的指导。这一理念不仅是对现有知识的总结和提炼，更是对未来发展方向的指引。在市场营销学的发展过程中，新观念的不断涌现，如社会营销、绿色营销等，都是以满足消费者需求为核心的。这表明，核心理念对市核心的。这表明，核心理念对市场营销学的发展具有全局性的指导意义。在实践中，消费者至上观念也对市场营销活动的各个环节都起着极其重要的指导作用，如市场调研、产品设计、渠道选择、价格制定、促销策略等，都需要以满足消费者需求为前提和目标，以此确保市场营销活动的有效性和成功性。

市场分析与市场调研

第一节　市场环境分析

一、市场环境对企业的影响

（一）经济因素的影响

1. 宏观经济状况对企业的影响

宏观经济状况对企业运营的影响是全面的。在经济繁荣时期，消费者的信心增强，购买力强劲，企业销售额通常会大幅增长，提高市场活跃度，创新投资和扩张计划就更易实施。相反，在经济衰退时期，消费者因担心失业和收入下降而削减开支，企业面临销售不振、利润下降等问题，需要调整经营策略以应对不利局面。

2. 通货膨胀率和利率水平的影响

通货膨胀率和利率水平是宏观经济状况的重要指标，对企业的生产成本和市场需求具有直接影响。高通货膨胀率会导致原材料价格上涨和生产成本上涨，企业可能会面临利润被侵蚀的情况；而高利率会提高企业的融资成本，降低投资和消费的意愿，影响产品销售。

3. 就业率对市场需求的影响

就业率直接关系到消费者的收入水平和购买能力。高就业率通常伴随着较高的消费支出，有利于提高产品的销售额和市场需求。相反，高失业率会导致消费者的收入减少，购买力下降，企业销售额受到冲击。

（二）政治因素的影响

1. 政府政策的稳定性与变化

政府政策的稳定性对企业的经营活动至关重要。政府的税收政策、贸易政

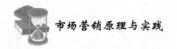

策、外汇政策等直接影响企业的成本和运营环境。政策的频繁变化可能导致企业难以应对，会增加经营不确定性。

2. 法律法规对企业行为的约束

政府的法律法规对企业的经营行为有着严格的规范和约束。例如，环境保护法规要求企业必须遵守环保标准，处理工业废物等。未能遵守相关法规可能导致企业面临处罚和声誉损失。

（三）社会因素的影响

1. 人口结构变化对产品市场的影响

人口老龄化趋势意味着老年人群体的增加，相关产品和服务的需求也会相应增长，如养老服务、医疗保健产品等。因此，企业需要调整产品结构和服务内容以满足不同年龄段消费者的需求。

2. 文化价值观念变化对消费行为的影响

随着社会的不断发展，人们的文化价值观念也在不断变化。消费者的购买行为受到文化因素的影响，例如，不同地区和群体对于产品品质、品牌形象、环保意识等有着不同的偏好和需求，企业需要根据文化差异调整产品设计和营销策略。

二、市场环境分析的方法与工具

（一）PEST 分析法

1. 政治因素（Political）

政治因素涵盖了政府政策、法律法规、政治稳定性等因素。政府的政策和法规直接影响着企业的经营环境和行为规范。例如，税收政策的变化可能会影响企业的盈利水平，贸易政策的调整可能会影响企业的进出口业务。此外，政治的不稳定性也可能导致商业环境的不确定性，影响企业的投资和发展计划。

2. 经济因素（Economic）

经济因素包括宏观经济状况、货币政策、就业水平等因素。经济的增长率和通货膨胀率直接影响着市场需求和消费者购买力。货币政策的变化可能会影响到企业的融资成本和投资决策。就业水平的变化也会影响到消费者的收入水平和购买意愿，进而影响企业的销售额和盈利能力。

3. 社会因素（Social）

社会因素涉及人口结构、文化价值观念、生活方式等因素。人口结构的变化会影响到产品市场的需求结构，不同年龄段、性别、收入水平的消费者对产品的需求有所不同。文化价值观念的转变也会影响到消费者的购买行为和品牌偏好，企业需要根据社会文化的变化调整产品设计和营销策略。

4. 技术因素（Technological）

技术因素包括科技创新、信息技术、生产技术等方面的因素。技术的进步和应用对企业的生产方式、产品质量、市场营销等方面产生重要影响。企业需要密切关注科技发展的趋势，及时引入先进的生产技术和信息技术，以提高生产效率、产品品质和市场竞争力。

（二）SWOT 分析法

1. 企业优势（Strengths）

企业的优势包括其在市场上的品牌影响力、产品质量、创新能力、生产成本控制能力等方面的优势。通过分析企业的优势，可以确定其在市场上的竞争优势和核心竞争力，为企业制定战略提供参考依据。

2. 企业劣势（Weaknesses）

企业的劣势可能包括产品质量不稳定、管理体系不健全、市场营销能力弱等方面的劣势。通过识别企业的劣势，可以找到改进的方向和措施，提升企业的竞争力和市场地位。

3. 市场机会（Opportunities）

市场机会是指外部环境中对企业有利的发展机遇，例如新兴市场的出现、技术创新带来的新产品需求、政府政策的支持等。通过抓住市场机会，企业可以拓展业务领域、开拓新的市场份额，实现更快地发展。

4. 市场威胁（Threats）

市场威胁是指外部环境中可能对企业造成不利影响的因素，例如激烈的市场竞争、新进入者的威胁、政策法规的变化等。通过识别市场威胁，企业可以制定相应的应对策略，降低风险，保护企业的利益。

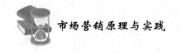

第二节 目标市场的确定与定位

一、产品特点分析

（一）功能分析

功能分析是对产品所具备的主要功能进行细致地分析。这些功能直接关系到产品的使用性能和消费者的购买动机。例如，一款智能手机的功能可能包括高像素摄像头、长续航时间、快速处理器等。这些功能的强弱将直接影响到消费者的购买决策，因此企业需要深入了解产品功能的优势和特点。

（二）特性分析

特性分析涉及产品的外观设计、材料质量、品牌知名度等方面。外观设计直接影响消费者的第一印象，精美的外观设计能够吸引更多的消费者目光。材料质量则关系到产品的品质和耐用性，消费者通常倾向于购买质量更好的产品。品牌知名度对消费者的信任和认可度也有重要影响，知名品牌的产品往往更受消费者青睐。

（三）定位分析

定位分析是评估并确定产品在市场上的定位。产品的定位决定了产品所面向的消费群体和市场竞争策略。高端定位意味着产品面向高端消费群体，价格和品质都较高；中端定位则更注重性价比，适合大众消费群体；低端定位则注重价格竞争力，适合价格敏感型消费者。企业需要根据产品的特点和市场需求，选择适合的定位策略。

（四）优势分析

优势分析是评估产品相对于竞争对手的优势和特点。企业需要了解自己产品相较于竞争对手的独特之处，例如技术创新、产品性能、售后服务等方面的优势。通过深入分析产品的优势，企业可以制定更具针对性的营销策略，吸引目标市场的消费者，并在市场竞争中脱颖而出。

二、消费者需求分析

（一）基本信息收集

1. 年龄分布

不同年龄段的消费者在购买行为、消费习惯和产品偏好上存在显著差异，因此对于企业而言，深入了解目标市场的年龄分布情况是制定有效营销策略的基础。

第一，年龄分布反映了消费者群体的整体特征和结构。不同年龄段的消费者在生活阶段、职业状态、家庭状况等方面存在差异，这些因素将直接影响其消费行为和购买决策。例如，年轻群体可能更加注重时尚、个性化和新颖性，而老年群体则更关注产品的实用性、品质和服务体验。因此，企业需要根据不同年龄段消费者的特点来调整产品设计、定价策略和营销渠道，以更好地满足其需求。

第二，年龄分布也反映了消费市场的发展趋势和潜在机会。随着社会经济的发展和人口结构的变化，不同年龄段消费者的数量和消费能力都会发生变化。例如，随着中国经济的快速发展，中产阶级人群的增加和消费升级趋势，使得高品质、个性化的消费需求日益增加。因此，企业需要根据不同年龄段消费者的消费趋势和需求变化，及时调整产品策略，抓住市场机遇。

第三，年龄分布也是企业进行市场细分和目标市场确定的重要依据。不同年龄段的消费者具有不同的消费心理和行为特征，因此企业需要根据其产品属性和市场定位，选择适合的目标市场。例如，针对年轻消费者的产品可能更强调创新、时尚和个性化，而针对老年消费者的产品则更注重品质、安全性和舒适度。因此，通过深入了解目标市场的年龄分布情况，企业可以更准确地确定目标市场，制定有针对性的营销策略，提升市场竞争力。

2. 性别比例

了解目标市场中男女比例对企业制定产品设计、市场推广和品牌定位至关重要。男女在消费行为、消费偏好和购买习惯上存在明显差异，因此企业需要根据不同性别的特点来调整产品策略，以更好地满足他们的需求。

第一，男女在产品偏好上存在显著差异。一般而言，男性更倾向于购买与科技、汽车、运动等相关的产品，而女性则更喜欢购买与美容、家居、护肤等相关的产品。因此，企业在设计和推广产品时，应根据目标市场中男女比例的不同，量身定制产品的特性、功能和外观，以更好地吸引和满足不同性别消费者的需求。

第二，男女在购买决策和消费心理上也存在一定差异。一般来说，男性更注重产品的性能和功能，更倾向于理性思考和快速决策；而女性则更注重产品的外观和品质，更倾向于情感化的购买决策和慎重考虑。因此，企业在市场推广和销售过程中，需要针对不同性别的消费者采取不同的营销手段和沟通策略，以提高产品的吸引力和销售效果。

第三，性别比例也反映了消费市场的潜在机会和市场需求。例如，在女性消费者占据主导地位的市场领域，企业可以加大对女性消费群体的产品研发和市场推广力度，以满足不断增长的女性消费需求。同时，对于男女比例相对均衡的市场，企业可以采取差异化的产品定位和市场策略，以满足不同性别消费者的需求差异，提升市场竞争力。

3. 收入水平

在市场营销中，了解目标市场消费者的收入水平对企业制定定价策略、产品设计和营销战略具有重要的指导意义。

第一，收入较高的消费者通常更愿意购买高端产品和奢侈品。他们追求品质和独特性，并愿意为此支付更高的价格。因此，对于这部分消费者，企业可以通过提供高品质、高端的产品和服务来满足其需求，并采取相应的高价定价策略，以获取更高的利润和市场份额。

与之相反，收入较低的消费者通常更注重产品的性价比和实用性。他们倾向于选择价格相对较低但性能和品质仍然能够满足需求的产品。因此，对于这部分消费者，企业需要设计出性价比较高的产品，并采取相应的低价定价策略，以吸引其购买并保持竞争优势。

第二，了解消费者的收入水平还有助于企业进行市场细分和定位。不同收入水平的消费者往往有不同的消费习惯、购买偏好和需求特点。因此，企业可以根据不同收入水平的消费者群体，开展精细化的市场细分，并针对性地制定产品和营销策略，以更好地满足不同消费群体的需求，提高市场占有率和竞争力。

第三，了解目标市场消费者的收入水平还可以帮助企业预测市场需求和趋势。收入水平通常与消费者的消费行为和购买偏好密切相关，因此，通过收集并分析消费者的收入水平信息，企业可以更准确地预测市场的发展趋势，及时调整产品策略和市场营销策略，以适应市场变化并保持竞争优势。

（二）需求调查

1. 问卷调查

问卷调查（附录一）是市场研究中常用的数据收集方法之一，通过设计问卷来调查消费者对产品的需求和偏好。这种方法可以帮助企业获取大量的定量数据，从而全面了解目标市场的消费者需求，为产品设计和营销策略的制定提供重要参考。

在进行问卷调查时，关键是设计问题涵盖产品特点、价格敏感度、品牌偏好等方面。首先，问卷应该包括关于产品特点的问题，以了解消费者对产品功能、性能、设计等方面的看法和期望。这些问题可以涉及产品的优点、缺点、改进建议等，帮助企业了解消费者对产品的真实需求。其次，问卷还应该包括关于价格敏感度的问题，以探究消费者对产品价格的接受程度和购买意愿。通过了解消费者对产品价格的态度，企业可以确定适当的定价策略，以满足消费者需求的同时实现利润最大化。最后，问卷还应该关注消费者的品牌偏好。通过询问消费者对不同品牌的认知、喜好程度、购买意愿等问题，企业可以了解目标市场中消费者对不同品牌的态度和倾向，为品牌推广和营销活动提供指导。

2. 焦点小组讨论

焦点小组的参与者通常由具有相关经验或兴趣的消费者组成，他们被认为代表了目标市场的一部分。在讨论中，参与者们可以自由发表意见、分享经验和表达看法，这种开放性的交流有助于揭示消费者的潜在需求和偏好。与传统的问卷调查相比，焦点小组讨论能够提供更加深入和全面的洞察，因为参与者之间的互动可以激发出更多新的想法和见解。

在焦点小组讨论中，研究者通常会设定一些话题或主题，然后引导参与者围绕这些话题展开讨论。这些话题可能涉及产品的特点、功能、设计、价格、购买体验等方面。通过适时的引导和提问，研究者可以深入挖掘参与者的想法，并就特定问题进行更深入地探讨。

通过焦点小组讨论，企业可以直接听取消费者的声音，了解他们的需求和偏好。这种贴近消费者的方法有助于企业更加准确地把握市场动态，及时调整产品

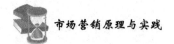

设计和营销策略，提高产品的市场适应性和竞争力。同时，焦点小组讨论也可以增强消费者对企业的参与感和认同感，建立起良好的品牌形象和消费者关系，促进企业的长期发展。

（三）行为分析

1. 购买决策过程

了解消费者的购买决策过程是深入理解其购买行为的关键。购买决策过程通常包括多个阶段，从需求觉察到购买行为，消费者会在这个过程中受到各种因素的影响。首先，消费者会产生需求觉察，意识到自己有某种需求或问题需要解决。这可能是由于外部刺激（例如广告、促销活动）或内部刺激（例如个人需求或欲望）引起的。一旦意识到需求，消费者就会进入信息搜索阶段，开始主动或被动地寻找相关信息以满足需求。

在信息搜索阶段，消费者可能会寻求各种信息来源，包括个人经验、亲友推荐、媒体广告、互联网搜索等。消费者会收集并评估不同产品或品牌的信息，以便做出最终的购买决策。在这个阶段，消费者的个人因素（如偏好、态度、价值观）以及社会因素（如文化、社会类别、家庭影响）都会影响信息的搜索和评估过程。接下来是决策阶段，消费者会根据已收集到的信息和个人偏好做出最终购买决策。在这个阶段，消费者可能会考虑产品的价格、品质、品牌声誉等因素，并权衡利弊，最终选择符合自己需求和预期的产品或服务。最后是购买行为和后续行为阶段，消费者会实际购买产品或服务，并根据购买体验和产品质量等因素评价购买决策的有效性。购买后，消费者可能会产生满意或不满意的情绪，并可能会对品牌或产品做出口碑宣传或投诉反馈。

2. 购买渠道偏好

对于企业而言，了解消费者的购买渠道偏好是至关重要的，因为这有助于它们选择适合的销售渠道，并提供更符合消费者需求的购物体验，从而增加销售机会。

消费者的购买渠道偏好受多种因素的影响。首先，个人偏好是决定购买渠道选择的重要因素之一。有些消费者喜欢在传统的实体店购物，因为他们更倾向于亲身体验产品，或者享受与销售人员面对面交流的感觉。而另一些消费者则更喜欢线上购物，因为他们更注重方便快捷的购物体验，以及更广泛的产品选择。其次，消费者的购物习惯也会影响他们的购买渠道偏好。一些消费者习惯于在固定的商店或平台购物，因为他们对这些渠道的信任感更强，而且熟悉其购物流程。相比之下，另一些消费者更喜欢尝试新的购物渠道，以寻找更好的产品和服务，或者获取更具竞争力的价格。此外，消费者的生活方式和社会背景也会对其购买渠道偏好产生影响。例如，年轻一代可能更倾向于线上购物平台，因为他们更加熟悉互联网和移动技术，并且习惯于在社交媒体上获取产品信息和购物建议。而老年消费者可能更喜欢传统的实体店购物，因为他们可能更注重产品质量和服务的实体体验。

三、竞争对手分析

（一）产品定位比较

1. 产品特点比较

在产品特点比较中，企业需要对竞争对手的产品功能、性能、设计、品质等方面进行综合分析。首先，针对产品的功能特点，企业可以比较不同竞争对手产品的功能组成、创新性以及适用性等，以确定自身产品的差异化优势。其次，对于产品的设计特点，企业可以比较竞争对手产品的外观设计、材料选择、工艺水平等方面，以找到自身产品在设计上的突出之处。最后，针对产品的品质特点，企业可以比较竞争对手产品的质量控制、售后服务等方面，以确定自身产品在品质上的优势。

2. 定价策略比较

在定价策略比较中，企业需要对竞争对手的定价水平、价格弹性、促销策略等方面进行综合考量。首先，对于定价水平，企业可以比较竞争对手产品的价格定位以及定价策略的合理性，从而确定自身产品的定价水平。其次，对于价格弹性，企业可以比较不同竞争对手产品的价格变动对市场需求的影响程度，以确定自身产品的价格弹性范围。最后，针对促销策略，企业可以比较竞争对手的促销活动类型、力度和效果，以确定自身产品的促销策略和营销活动方案。

（二）市场份额分析

1. 市场份额获取与比较

市场份额是指企业在特定市场中所占的销售额或销售量与该市场总销售额或

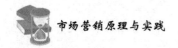

销售量之比，是衡量企业市场地位和竞争力的重要指标之一。

获取竞争对手的市场份额信息可以通过多种途径实现。

首先，企业可以收集行业报告和研究，这些报告通常会提供市场份额的数据分析和评估。

其次，可以通过市场调查和消费者调研收集数据，了解竞争对手的市场份额情况。

最后，企业还可以通过购买商业数据库或收集竞争对手的销售数据等途径获取市场份额信息。

一旦获得了竞争对手的市场份额数据，企业就可以进行比较分析。通过比较不同竞争对手的市场份额，企业可以了解竞争对手在市场上的表现和市场地位。这种比较分析有助于企业确定自身在市场中的地位，评估竞争强度，找出自身的优势和劣势，并制定相应的市场战略和竞争策略。

2. 竞争策略制定

在了解竞争对手的市场份额情况后，企业必须制定相应的竞争策略以增强自身在市场中的竞争力和地位。竞争策略的制定需要根据市场情况、企业资源以及竞争对手的特点等因素进行综合考虑和分析。

一种常见的竞争策略是攻击弱势对手。如果竞争对手的市场份额较小或存在一定的弱点，企业可以利用这些弱点来实施攻击性的竞争策略。这可能包括推出更具竞争力的产品、提供更优惠的价格、加大市场宣传和推广力度等。通过这种方式，企业可以逐步侵蚀竞争对手的市场份额，增强自身在市场中的地位。

另一种竞争策略是维护领先地位。如果企业已经占据了市场的领先地位，那么就需要采取相应的措施来保持这一地位。这可能涉及持续创新产品和服务、提高产品质量和品牌形象、加强客户关系和品牌忠诚度等方面的努力。通过不断提升自身的竞争优势，企业可以巩固自身的市场地位，防止竞争对手的挑战。

此外，企业还可以寻找新的市场空间来扩大自身的市场份额。这可能包括进入新的市场领域、开拓新的客户群体、推出新的产品线或服务等。通过寻找新的市场机会，企业可以实现增长和扩张，并在竞争激烈的市场中获得更多的市场份额。

（三）营销策略比较

1. 广告宣传比较

竞争对手的广告宣传是企业在市场竞争中的重要策略之一，对品牌认知和消费者购买行为产生着深远的影响。通过比较竞争对手的广告宣传，企业可以更好地了解行业趋势和竞争态势，进而制定更有效的营销策略。

首先，企业可以比较竞争对手的广告宣传内容。这包括广告的主题、信息传递方式、情感渲染等方面。通过分析竞争对手的广告内容，企业可以了解其在市场中的定位和品牌形象，进而确定自身广告宣传的重点和特色，以突出与竞争对手的差异化。

其次，企业可以比较竞争对手的广告形式。不同的广告形式对消费者的影响程度和接受度可能有所不同。例如，有些竞争对手可能更倾向于使用电视广告，而另一些则更注重社交媒体或线上平台的广告投放。通过比较不同广告形式的效果，企业可以选择适合自身产品和目标受众的广告形式，提升广告投放的效果和回报率。

最后，企业还可以比较竞争对手的广告传播渠道。不同的传播渠道对于覆盖不同的受众群体具有不同的优势和特点。通过分析竞争对手在不同传播渠道上的投放情况和效果，企业可以选择最适合自身需求的传播渠道，提高广告的曝光度和影响力。

2. 促销活动比较

竞争对手的促销活动是企业在市场竞争中的关键策略之一，通过比较竞争对手的促销活动，企业可以更好地了解市场趋势和消费者需求，从而制定更有效的促销策略，提升销售额和市场份额。

首先，企业可以比较竞争对手的促销活动类型。促销活动可以包括打折、满减、赠品赠送、抽奖等多种形式。通过比较不同竞争对手的促销活动类型，企业可以了解行业常见的促销方式和受众喜好，从而选择适合自身产品和品牌形象的促销方式，提高促销效果和回报率。

其次，企业可以比较竞争对手的促销活动时机。不同的促销活动时机可能会对促销效果产生不同的影响。例如，在节假日、促销季节或产品新品发布时进行促销活动可能会吸引更多消费者的关注和购买欲望。通过比较竞争对手的促销活

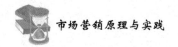

动时机，企业可以选择合适的时机进行促销活动，提高促销效果和销售额。

最后，企业还可以比较竞争对手的促销活动力度。促销活动的力度包括折扣幅度、赠品价值、促销期限等方面。通过比较竞争对手的促销活动力度，企业可以了解市场上的促销水平和竞争强度，从而制定相应的促销策略，吸引消费者并提升销售额。

第三节　市场细分与市场规模评估

一、市场细分的意义与方法

（一）地理细分

地理细分作为市场细分的一种方法，在实践中扮演着至关重要的角色。通过对市场按地理位置进行划分，企业能够更好地理解和应对不同地域消费者的需求和偏好。这种细分方法有助于企业有针对性地开展定位和营销活动，更好地适应地区性差异，从而提高市场竞争力。

1. 地域特点的调研与分析

地域特点的调研涵盖了多个方面，其中包括经济发展水平、文化背景、消费习惯等因素。

首先，对于经济发展水平的调研能够帮助企业了解各地区的收入水平、产业结构、城乡差异等情况，从而把握当地消费者的消费能力和消费倾向。

其次，文化背景的分析则着重于深入了解不同地域的文化传统、价值观念、宗教信仰等方面的差异，这些因素对消费者的购买行为和消费决策有着重要的影响。

最后，消费习惯的调查也是地域特点调研的重要内容之一，通过分析消费者的购买习惯、偏好、品位等方面的特点，企业可以更好地把握不同地域消费者的需求，从而有针对性地制定营销策略和产品定位。

2. 定制化营销策略

根据对地域特点的深入调研和分析，企业可以制定定制化营销策略，以更好地满足不同地域消费者的需求和偏好，提高市场竞争力。其中，针对高端消费群体的地区，企业可以推出高端定制产品，以迎合当地较高消费水平和消费者对品质、个性化的追求。这类产品通常注重品质、设计和服务，价格相对较高，但能够吸引具有一定消费能力和品位要求的消费者，从而实现高利润和品牌溢价。相反地，针对中低收入人群较多的地区，企业则应采取价格亲民的营销策略，以满足当地消费者的实际购买力和消费需求。这种策略可能包括价格优惠、促销活动、廉价产品线等，旨在吸引更广泛的消费群体，增加销售量和市场份额。通过对不同地域的消费者群体进行精准定位和针对性营销，企业可以更好地把握市场机会，实现销售增长和品牌价值的提升。此外，定制化营销策略还需要考虑当地的竞争环境、法律法规、文化特点等因素，确保营销活动的合法性和可持续性。因此，在制定定制化营销策略时，企业需要综合考虑各种因素，并不断进行市场反馈和调整，以保持竞争优势和市场领先地位。

3.地域化产品定位

地域化产品定位是企业根据不同地域的消费者需求和偏好，对产品进行定位和调整，以使其更符合当地消费者的口味和需求。这一策略的核心理念是将产品设计、功能特点、包装风格等因素与当地的文化、地域特色相结合，以提高产品在该地区的市场竞争力和销售表现。

首先，企业需要深入了解目标地区的文化背景和消费习惯。通过对当地文化、风俗习惯、传统价值观等方面进行调研和分析，企业可以更好地把握消费者的心理需求和行为特点，为产品的地域化定位提供依据。

其次，根据地域特点对产品进行差异化设计和定制化调整。企业可以针对不同地域的消费者需求和偏好，对产品的外观、功能、配料等方面进行调整，使其更符合当地消费者的口味和习惯。例如，在不同地区推出口味不同的食品产品，或者根据当地的气候条件设计适用的服装和家居用品。

再次，企业还可以针对不同地域的消费者群体，进行差异化的营销和宣传策略。通过选择适合当地消费者的传播渠道、语言表达和文化符号，提高产品在该地区的市场知名度和认可度，进而促进销售增长和品牌价值的提升。

最后，企业需要不断进行市场监测和反馈，及时调整产品定位和营销策略。随着时代变迁和消费者需求的变化，地域化产品定位需要不断适应和更新，以保持与市场的契合度和竞争力。

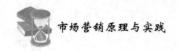

（二）人口统计学细分

人口统计学细分是市场细分的重要手段之一，它基于消费者的人口统计学特征进行市场划分，有助于企业更准确地了解目标消费者群体的特点和需求，从而实现精准营销。

1. 年龄分组

年龄分组是基于消费者的年龄段将市场进行划分的一种人口统计学细分方法。青少年、青年、中年、老年等不同年龄段的消费者在消费行为和消费需求上存在显著差异，因此，企业可以根据不同年龄段的特点设计相应的产品和营销策略。对于青少年，他们通常更加注重时尚、个性化和新奇性，因此，企业可以推出与潮流相关、个性化定制的产品，并通过社交媒体等渠道进行宣传推广。青年群体注重实用性和性价比，对于功能性强、价格适中的产品更具吸引力，企业可以通过互联网和线下渠道进行广告宣传，提升产品知名度。中年消费者则更加注重品质和服务，对于品牌忠诚度较高，企业可以通过品牌形象和产品质量来吸引他们。而老年消费者则更注重产品的安全性和便利性，企业可以推出容易操作、易于维护的产品，并通过传统媒体和老年社区进行宣传。

2. 性别差异化

性别差异化是根据男性和女性在消费行为和偏好上的差异，设计不同风格的产品，并采取相应的营销手段。男性消费者通常更注重产品的功能性和性能，偏好简约、实用的设计风格，因此，企业可以推出功能性强、外观简洁的产品，并通过专业化的广告和线下销售渠道来吸引他们。女性消费者则更注重产品的外观和品质，喜欢精致、华丽的设计，因此，企业可以注重产品的外观设计和包装，以及提供个性化的购物体验，通过社交媒体和线上平台进行精准营销。

3. 收入水平及教育程度

收入水平及教育程度是基于消费者的经济实力和文化素养进行市场细分的一种方法。不同收入水平和教育程度的消费者对产品的消费能力和消费偏好存在明显差异，因此，企业可以根据这些差异制定差异化的定价策略和促销方案。对于高收入群体和高教育程度的消费者，他们通常更注重产品的品质和服务，愿意支付更高的价格，因此，企业可以推出高端定制产品，并提供更加个性化的购物体验。对于低收入群体和低教育程度的消费者，他们更注重产品的价格和性价比，因此，企业可以采取价格优惠、促销折扣等方式来吸引他们，提高产品的市场竞争力。

（三）行为细分

行为细分是市场细分的一种重要方法，基于消费者的购买行为、偏好和消费习惯进行市场划分，有助于企业更好地把握消费者的需求动态，实现精准营销。

1. 购买行为模式分析

购买行为模式分析是通过对消费者的购买行为进行深入研究和分析，包括购买频率、购买渠道、购买金额等方面，将消费者分为不同的群体，如高频购买群体、低频购买群体等。高频购买群体通常具有较强的购买欲望和消费能力，因此，企业可以针对他们开展定期促销活动、推出会员专属优惠等营销策略，以促进其购买行为。相反，对于低频购买群体，企业可以通过提供更具吸引力的产品特色或价格优惠来刺激其购买欲望，从而提高销售量和市场份额。

2. 偏好和口味的识别

偏好和口味的识别是通过分析消费者对产品的偏好和口味，将其分为不同的群体，如喜好时尚的群体、追求功能性的群体等。针对不同群体的特点，企业可以推出不同类型的产品和服务，以满足其特定的需求和偏好。例如，对于喜好时尚的群体，企业可以注重产品的外观设计和品牌形象，以吸引其购买；而对于追求功能性的群体，则应注重产品的性能和实用性，提供更加符合其需求的产品选择。

3. 忠诚度的识别

忠诚度群体的识别是通过分析消费者的忠诚度水平，识别出忠诚度高的消费者群体。这些消费者通常具有较高的品牌忠诚度和购买意愿，对企业来说具有重要的市场价值。企业可以通过提供会员制度、积分兑换等激励措施来增强这些消费者的黏性，促进其再次购买行为，从而提升品牌忠诚度和市场份额。同时，通过与这些忠诚度高的消费者保持密切的互动和沟通，企业还可以收集到更多有价值的市场反馈和消费者意见，为产品和服务的优化提供参考。

二、评估市场规模与市场潜力

评估市场规模和市场潜力是企业制定市场战略和制定发展计划的重要前提。

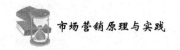

市场规模指的是市场中可销售产品或服务的总量，而市场潜力则指的是市场发展的可能性和空间。评估市场规模与市场潜力通常需要考虑以下几个方面：

（一）市场容量

市场容量的大小直接影响着企业的销售目标和市场份额的规划。对企业而言，了解市场容量有助于确定产品定位、价格策略和营销渠道，从而更好地满足市场需求，提高竞争力。

首先，市场容量评估的一个重要步骤是市场需求的分析。市场需求是指消费者在一定时间内愿意购买某种产品或服务的总量。通过对市场需求的分析，企业可以了解市场中消费者对产品或服务的实际需求水平，从而确定市场的潜在规模。例如，在电动汽车市场，市场需求可以通过对消费者对电动汽车的购买意愿、购买意向以及实际购买行为的调查来进行评估。如果调查显示，消费者对电动汽车的需求量较大，那么市场容量也将相应增大，企业可以相应制定更加积极的市场推广策略，以满足市场的需求。

其次，市场分析和市场细分也会影响市场容量。通过市场分析，企业可以了解市场中的主要消费群体、消费习惯、消费趋势等信息，从而更加精准地确定市场容量。市场细分则是将市场划分为不同的细分市场，以更好地满足不同消费群体的需求。例如，在食品行业，市场可以根据消费者的年龄、地域、收入水平等因素进行细分，从而更准确地评估市场容量，并针对不同细分市场制定相应的营销策略。

最后，市场容量的评估还需要考虑市场竞争和市场饱和度等因素。如果市场竞争激烈，市场容量可能会受到一定程度的限制；而如果市场饱和度较低，市场容量则可能较大。因此，企业在评估市场容量时，需要综合考虑各种因素，以制定合理的市场战略和发展规划。

（二）市场增长速度

市场增长速度是评估市场发展趋势和潜力的重要指标之一，其反映了市场在一定时期内的增长情况。通过分析市场的历史数据和趋势，企业可以预测市场未来的增长速度，从而评估市场的发展潜力。了解市场增长速度对企业制定长期发展战略至关重要。在高速增长的市场环境下，企业可以采取积极的市场拓展策略，以抢占更多的市场份额；而在增长速度较低的市场环境下，企业则需要更加注重产品创新和市场细分，以提升竞争力和市场占有率。

一个典型的例子是智能手机市场。随着移动互联网的发展和智能手机技术的不断创新，智能手机市场在过去几年里呈现出了高速增长的趋势。这种增长主要得益于消费者对智能手机功能的不断追求和智能手机的广泛应用，如社交媒体、移动支付、线上购物等。在这样的市场环境下，诸如苹果、三星等知名厂商通过不断推出新品、提升产品性能和拓展市场渠道等方式，成功抢占了大量市场份额，实现了可观的市场增长和盈利。

然而，随着智能手机市场的逐渐饱和和竞争的加剧，市场增长速度开始逐渐放缓。在这种情况下，企业需要更加注重产品创新和差异化竞争，以满足消费者日益个性化的需求。例如，一些厂商开始注重开发中低端智能手机市场，通过提供价格更具竞争力的产品和更符合特定消费群体需求的功能，来获取更多的市场份额。同时，还有些企业转向了智能手机周边配件、智能家居等领域，以拓展业务边界，寻找新的增长点。

（三）竞争程度

竞争激烈的市场通常市场规模较大，但同时竞争压力也较大。对于企业而言，了解市场竞争程度对于制定有效的竞争策略和确立市场定位至关重要。

一种常见的评估竞争程度的方法是分析竞争对手的数量、市场份额和竞争策略。例如，在零售行业，如果一个市场存在多家规模较大的零售巨头，并且它们之间的市场份额相差不大，那么可以认定该市场竞争程度较高。这种情况下，企业需要通过不断提升产品品质、服务质量以及降低成本等方式来增强自身的竞争优势，争夺更多的市场份额。

另一个影响竞争程度的因素是市场的进入壁垒。如果一个市场的进入壁垒较高，新竞争者很难进入，那么现有竞争者之间的竞争程度就会相对较低。例如，航空业是一个进入壁垒较高的行业，新的航空公司很难进入市场并与现有的巨头竞争。在这种情况下，现有的航空公司之间的竞争程度可能会相对较低，他们更多地关注于巩固自身的市场地位，而不是争夺市场份额。

市场竞争程度的评估有助于企业更好地了解市场环境和竞争格局，从而制定相应的竞争策略。例如，对于竞争激烈的市场，企业可以通过不断提升产品品质和服务质量来建立竞争优势，从而获取更多的市场份额。而对于竞争程度较低的

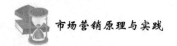

市场，企业则可以通过加大市场推广力度和提升品牌知名度来占领更多的市场份额。综上所述，竞争程度的评估有助于企业制定灵活有效的竞争策略，以在竞争激烈的市场中脱颖而出，获得更多的市场份额和利润。

第四节　市场需求分析与趋势预测

一、市场需求的形成和变化因素

（一）消费者收入水平

随着消费者收入水平的提高，他们通常会有更多的可支配收入用于购买各类产品和服务，从而促进市场需求的增长。高收入群体往往会更加追求品质和个性化，愿意支付更高的价格获取高品质的产品或服务，如奢侈品、高端餐饮等。相反，低收入群体可能更注重价格的实惠性，更倾向于购买价格较低的产品或选择性价比较高的服务。

消费者收入水平的提高也会影响其消费观念和行为模式。随着收入水平的增加，消费者可能会转变为追求品质生活和消费升级，更加注重产品的品质、功能和体验。例如，随着城镇化进程加快，中国城镇中的中产阶级和新兴中产阶级的崛起，他们对于高品质生活的追求带动了一系列高端消费品的需求增长，如高档家具、进口食品等。

然而，对于低收入群体而言，他们的购买力有限，更注重基本生活需求的满足。在经济不景气或收入下降的情况下，他们可能会调整消费行为，选择更加实惠的产品或服务，或者减少一些非必需品的消费。

因此，了解消费者收入水平的变化对于企业确定产品定位、定价策略以及市场推广手段具有重要意义。通过针对不同收入水平群体的市场定位和产品策略，企业可以更好地满足不同消费者群体的需求，提升市场竞争力。

（二）生活方式和消费习惯

随着社会的发展和个人生活水平的提高，消费者的生活方式和消费习惯也在不断变化。生活方式是指个人或群体的生活方式选择和行为方式，而消费习惯则是指消费者在日常生活中形成的购买行为模式和偏好。

一方面，随着生活水平的提高和城市化进程的加快，消费者对于生活品质和体验的需求不断增加。他们更倾向于选择具有创新性、个性化、品质优良的产品和服务。例如，健康意识的提升导致了健康饮食、健身运动等生活方式的普及，从而带动了相关产品的需求增长；又如，社交媒体的兴起和数字化娱乐的普及改变了人们的娱乐方式，促使消费者对数字化产品和服务的需求增加。

另一方面，消费者的消费习惯也受到文化、时尚、社会风气等因素的影响。不同的文化背景和社会环境会塑造消费者的购买行为和偏好。例如，一些国家或地区的文化注重节俭和节约，消费者更倾向于选择实惠价廉的产品；而在另一些文化中，奢侈品消费被视为一种身份象征和社会地位的体现，消费者更愿意追求奢华享受。

（三）文化背景和社会价值观

文化背景和社会价值观对市场需求的形成和变化也有着深远的影响。不同文化背景和社会价值观塑造了消费者的消费观念、购买行为和偏好，进而影响着市场需求的形成和演变。

第一，不同文化背景下的消费者对产品和服务的需求存在差异。文化是一种传承和沉淀下来的行为规范和价值观念，它影响着人们的生活方式、审美情趣和消费态度。例如，一些东方文化注重节俭和节约，消费者更倾向于选择价廉物美的产品；而一些西方文化强调个性和享受，消费者则更追求品质和个性化。因此，企业在不同文化背景下开展市场营销时，需要考虑并尊重当地文化特点，设计符合消费者文化认知和价值观的产品和服务。

第二，社会价值观的变化也会影响市场需求的发展。随着社会发展和时代变迁，人们的价值观念和消费观念也在不断演变。例如，随着社会对环保意识的提升，消费者对于环保产品和绿色消费的需求逐渐增加；又如，随着女性地位的提升和女性消费力的增强，女性市场成了一个备受关注的消费群体，其消费需求也越来越多样化。

第三，跨文化交流和全球化趋势下，不同文化背景和社会价值观之间的相互影响和融合也在加深。跨文化消费行为的出现使得消费者的需求更加多元化和个性化，企业需要根据不同文化背景下价值观的融合来灵活调整产品设计、营销策

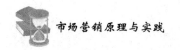

略和品牌形象，以满足不同消费者群体的需求。

（四）竞争对手的行为

竞争对手的市场行为也是影响市场需求形成和变化的重要因素之一。竞争对手的产品推出、定价策略、促销活动等都会直接或间接地影响到消费者的购买决策和市场需求的形成。

第一，竞争对手的产品推出会对市场需求产生影响。当竞争对手推出新产品或改进现有产品时，消费者可能会被新产品的特点和优势吸引而改变购买行为，从而影响市场需求的变化。例如，竞争对手推出功能更为强大的智能手机，可能会导致部分消费者选择升级换购，从而影响市场上智能手机的需求情况。

第二，竞争对手的定价策略也会对市场需求产生影响。竞争对手可能会采取不同的定价策略，如降价促销、高价定位等，以争夺市场份额或引导市场需求。如果竞争对手采取价格战策略，可能会导致整个市场的价格水平下降，从而刺激消费者购买欲望，增加市场需求量；而如果竞争对手采取高价定位，可能会限制部分消费者的购买能力，从而影响市场需求的扩大。

第三，竞争对手的促销活动也会直接影响市场需求的形成和变化。例如，竞争对手举办限时特惠活动、赠品促销等，可能会吸引消费者在特定时间内进行购买，从而增加市场需求量；又如，竞争对手推出新品首发活动、限量抢购等，可能会刺激部分消费者的购买欲望，影响市场需求的波动。

二、预测市场未来的发展趋势

（一）经济因素

经济因素是预测市场未来发展趋势的关键因素之一。经济现状直接影响着消费者的购买力和消费行为，进而对市场需求和发展产生重大影响。

首先，通货膨胀率对市场发展趋势具有重要影响。通货膨胀率的变化会影响消费者的购买力和消费习惯，进而影响市场需求的规模和结构。当通货膨胀率较低时，消费者的购买力相对稳定，市场需求可能保持平稳增长；而当通货膨胀率较高时，消费者的购买力可能受到影响，市场需求可能出现下降趋势。

其次，国内生产总值（GDP）增长率是另一个重要的经济指标，也是预测市场未来发展趋势的关键因素之一。GDP 增长率的变化直接反映了经济的增长速度和活力。当经济增长势头良好时，消费者信心增强，投资增加，市场需求可能会呈现较快增长的趋势；而当经济增长放缓或出现衰退时，消费者信心可能下降，投资减少，市场需求可能会受到影响而趋于疲软。

最后，就业率也是影响市场未来发展趋势的重要经济指标之一。就业率的高低直接关系到消费者的收入水平和购买能力。当就业率较高时，消费者的收入稳定，购买力较强，市场需求可能会保持稳定增长；而当就业率下降时，消费者的收入可能受到影响，市场需求可能会受到抑制而呈现下降趋势。

（二）社会因素

社会因素对市场未来发展趋势的影响也至关重要。人口结构、社会结构、教育水平等因素会直接影响到消费者的需求和消费行为，从而影响市场的规模和结构。

首先，人口结构是一个重要的社会因素。随着人口老龄化趋势的加剧，老年人口的增加会带动对医疗保健、养老服务等领域的需求增长。因此，企业可以预期到老年人群体的消费潜力会逐渐释放，相应的产品和服务需求也会逐步增加。

其次，社会结构的变化也会对市场发展趋势产生重要影响。随着城市化进程的加速和家庭结构的多样化，消费者的生活方式和消费习惯也在发生变化。例如，单身群体、双职工家庭等新型家庭结构的增加可能会带动对便捷、快速、个性化的产品和服务的需求增长。

最后，教育水平的提高也是一个重要的社会因素。随着教育水平的提升，消费者对于知识、教育类产品和服务的需求也会增加。例如，高教育水平的人群可能会更加注重自我提升和个人发展，对于培训、教育类产品的需求可能会增加。

（三）科技因素

随着科技的不断进步和创新，新技术的应用和新产品的推出将深刻地改变市场格局，影响消费者的需求和购买行为。首先，新技术的应用对市场未来发展趋势产生着直接影响。例如，人工智能、大数据、云计算等新兴技术的快速发展，将推动智能化、数字化产品和服务的普及，引领市场需求的变革。消费者对于智能家居、智能健康、智能交通等领域的需求可能会逐步增加，而传统产品和服务的市场需求则可能会受到挑战。其次，科技创新带来的新产品和新服务也将对市场发展产生深远影响。随着科技的发展，新产品的研发周期不断缩短，新产品的

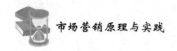

推出速度不断加快，市场竞争日益激烈。企业需要不断关注市场动态，及时调整产品结构和市场定位，以满足消费者不断变化的需求。最后，科技进步还将带动产业升级和转型升级。传统产业可能会受到新技术和新业态的冲击，市场需求结构可能会发生变化。因此，企业需要不断进行技术创新和管理创新，提升产品和服务的竞争力，适应市场的变化和发展。

（四）环境因素

气候变化、自然资源的限制等环境因素会直接影响到人们的生活方式、消费习惯以及对产品和服务的需求，从而影响市场的发展方向和规模。

首先，气候变化对市场的影响不可忽视。随着气候变暖等环境问题的日益严重，人们对环保和可持续发展的意识不断增强。这可能会促使消费者更加倾向于选择环保产品和服务，例如节能产品、再生材料制品等。因此，企业可以预期到在未来的市场中，对环保产品和绿色生活方式的需求会逐步增加。

其次，自然资源的限制也会对市场需求产生影响。随着资源的日益稀缺和消耗，人们对资源的利用更加谨慎，对节约和高效利用资源的产品和服务的需求也会增加。例如，可再生能源、节能产品、低碳出行等将成为未来市场的发展趋势。

最后，环境因素还可能导致一些新的市场需求的出现。例如，由于气候变化引起的自然灾害频发，可能会催生一系列的防灾救灾产品和服务的需求，如防灾应急器材、保险服务等。

第五节　市场调研方法与技巧

一、市场调研的常用方法

（一）访问法（Questioning Survey）

访问法是市场调研中常用的一种方法，通过面对面、电话或书面的方式向被调查者提出询问，以获取所需资料。这种方法具有直接性和针对性，能够直接获取被调查者的意见和反馈，是了解消费者需求和市场趋势的重要手段。在实践中，企业可以通过问卷调查、深度访谈等方式实施访问法，以获取大量的定量和定性数据，从而帮助分析市场的特点和趋势。

首先，问卷调查（附录二）是访问法中常用的一种方式。通过设计合理的问卷，企业可以系统地收集消费者的意见、偏好和行为数据。问卷可以包含开放性问题和封闭性问题，既能够了解消费者的想法和感受，又能够获取具体的统计数据。例如，一家零售企业可以设计问卷调查消费者对于店内商品品种、价格、服务等方面的满意度和建议，从而优化店铺管理和商品选择，提升客户体验。

其次，深度访谈是访问法中的一种重要手段。深度访谈通常由专业的调查员或研究人员进行，通过与被调查者进行一对一的交流，深入了解其观点、态度和行为背后的原因。相比于问卷调查，深度访谈更加灵活和深入，能够挖掘出更多的细节和感受。例如，一家汽车公司可以通过深度访谈了解消费者对于汽车品牌的偏好、购买考虑因素、使用体验等方面的看法，以指导产品设计和市场定位。

最后，除了问卷调查和深度访谈，访问法还可以包括焦点小组讨论、电话调查等方式。通过多种形式的访问，企业可以全面地了解消费者的需求和市场的特点，为制定有效的营销策略和产品设计提供有力支持。

（二）观察法（Observational Survey）

观察法是市场调研中常用的一种方法，通过在调查现场观察被调查者的行为、反应等来获取信息。相比于访问法，观察法更加客观，因为被调查者并不知道自己被观察，不会受到调查的影响。这种方法适用于了解消费者的实际行为和偏好，能够为企业提供直接有效的市场洞察。

首先，观察法在零售店等场景中得到广泛应用。通过在店铺内设立摄像头或派遣调查员进行现场观察，企业可以了解消费者在购物过程中的行为和偏好。例如，观察消费者在超市内的购买行为，可以发现他们的购物路径、停留时间以及对不同商品的关注程度，从而指导店铺的陈列布局和商品定价策略。

其次，观察法也可以应用于线上环境。通过分析用户在网站上的浏览和点击行为，可以了解他们的兴趣和偏好，优化网站内容和布局。例如，电商平台可以通过观察用户在网站上的搜索和点击行为，推荐个性化的商品，提升用户的购物体验和转化率。

最后，观察法还可以在实验室环境中进行，以控制条件和变量，更加精确地观察被试者的行为。通过眼动追踪、生理信号监测等技术手段，可以深入了解被

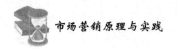

试者对于不同刺激的反应，为产品设计和广告策略提供科学依据。

（三）调查法（Experimental Survey）

调查法是市场调研中的一种重要方法，旨在通过在特定地区和时间内进行推销方式的小规模实验，并通过市场调查方法收集资料，来评估某一特定因素对市场的影响。这种方法可以科学地探究产品品质、包装、设计、价格等因素对市场需求和消费者行为的影响，为企业制定有效的营销策略提供可靠的数据支持。

首先，调查法通过小规模实验的方式，在真实的市场环境中模拟产品或服务的推广过程。例如，企业可以在某一特定地区或社区内推出新产品或服务，并观察其受欢迎程度、销售情况以及消费者的反馈。通过实验的设计和执行，可以科学地控制变量，从而更加准确地评估不同因素对市场的影响。

其次，调查法在实施过程中采用市场调查方法收集数据，如问卷调查、访谈等，以获取消费者的意见和反馈。通过统计分析和数据挖掘，可以深入了解消费者对产品或服务的态度、偏好以及购买意愿，为企业提供市场洞察和决策支持。

最后，调查法具有一定的实验性和可控性，可以在相对受控的条件下进行，从而减少外部因素对实验结果的影响。通过科学的实验设计和合理的样本选择，可以有效地降低研究结果的误差，提高研究的可靠性和有效性。

（四）定性研究

定性研究是一种基于小样本的无结构调查方法，旨在深入探索和理解研究对象的态度、认知和动机。相比于定量研究，定性研究更注重对问题的深度理解，而不是简单地进行数量化和统计分析。在市场调研领域，定性研究通常采用小组讨论和深度访谈等方法，以获取消费者内在的需求、期望和行为背后的原因。

小组讨论是定性研究中常用的方法之一，通过组织一小组受访者进行自由的、开放性的讨论，来探讨特定话题或问题。在小组讨论中，受访者可以自由发表观点、分享经验和互相交流，研究人员则可以深入了解受访者的想法和感受。这种方法适用于探索性的研究目的，可以发现一些隐藏在表面之下的见解和观点。

另一种常见的定性研究方法是深度访谈，也称为深度（层）访谈法。深度访谈是一种一对一的访谈方式，由访谈者和受访者之间进行深入的、个性化的交流。在深度访谈中，受访者可以在相对私密和放松的环境中畅所欲言，表达自己的真实想法和感受。通过深度访谈，研究人员可以更好地理解受访者的内心世界，发现其潜在的需求和动机，为产品设计和营销策略提供有价值的信息。

（五）概念测试

概念测试是在产品开发初期阶段用来评估新产品构思的一种重要方法。通过概念测试，企业可以在投入大量资源之前对产品概念进行验证，了解消费者对新产品的态度、看法和期望，以及产品可能存在的问题和改进空间。

这种方法通常采用定性研究的方式，例如分组讨论或深度访谈，以获取消费者的真实反馈。在分组讨论中，一组受访者会就特定的产品概念进行讨论和交流，分享彼此的想法和观点。这种开放式的讨论环境能够促进信息的交流和共享，让受访者自由表达对产品的看法，包括对产品功能、设计、定价、使用场景等方面的意见。

通过概念测试，企业可以及早发现潜在的问题和挑战，为产品的进一步开发和改进提供有价值的反馈。例如，消费者可能会提出对产品功能的期望，对设计风格的偏好，或者对定价策略的疑问。这些反馈可以帮助企业调整产品设计，满足消费者的需求，提升产品的竞争力。此外，概念测试还可以为产品上市前的营销活动做好准备。通过了解消费者的反馈，企业可以更好地制定产品推广策略，确定目标市场和受众群体，以及有效的沟通方式和营销渠道。这有助于企业在产品上市后更快地获得市场认可，提高产品的销售和市场份额。

二、如何运用调研结果指导营销策略的制定

（一）分析消费者需求和偏好

对消费者需求和偏好的深入分析是企业制定有效营销策略的关键一步。通过调研结果，企业可以获取宝贵的消费者行为和偏好信息，从而更好地了解他们对产品或服务的需求。这种了解对于产品设计、定价策略以及销售渠道的调整至关重要，有助于企业更好地满足消费者的需求，提高市场竞争力。

一种常用的分析方法是对调研数据进行定量分析。通过对数据进行统计和分析，企业可以量化消费者在不同产品特征或价格水平下的偏好程度。例如，可以通过统计消费者对不同产品功能的评价分数或者购买意愿来了解其对产品功能的重视程度。定量分析能够提供客观的数据支持，帮助企业更准确地了解消费者

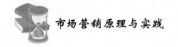
需求。

除了定量分析，定性分析也是非常重要的。通过深度访谈、焦点小组讨论等方式，企业可以深入挖掘消费者背后的动机、态度和情感因素。相比于定量分析，定性分析能够提供更为深入和细致的消费者洞察，帮助企业了解消费者行为背后的真实原因。例如，深度访谈可以让消费者更自由地表达他们的看法和感受，从而揭示出他们对产品或服务的实际需求和期望。

综合定量分析和定性分析的结果，企业可以全面地了解消费者的需求和偏好。基于这些洞察，企业可以调整产品设计、定价策略以及销售渠道，以更好地满足消费者的需求。例如，如果定量分析显示消费者对某一特定功能的需求量较大，而定性分析表明这一功能能够满足消费者的特定需求，那么企业可以考虑加强该功能的设计和宣传，以提升产品的市场竞争力。

（二）识别目标市场

研究结果的分析不仅可以帮助企业了解消费者的需求和偏好，还可以指导企业确定最具潜力的目标市场。通过深入分析调研数据，企业可以全面了解不同市场细分的特征、需求以及竞争情况，从而选择最适合自己产品或服务的目标市场，并制定针对性的营销策略。

首先，企业可以通过调研数据来评估各个市场细分的规模和增长潜力。通过对市场规模、增长率以及趋势的分析，企业可以确定哪些市场具有更大的发展潜力和机会。例如，调研结果可能显示某一市场细分的需求量正在迅速增长，而且市场规模较大，这就表明该市场具有较高的发展潜力，值得企业重点关注和投入资源。

其次，调研结果还可以帮助企业了解不同市场细分的竞争情况。通过分析竞争对手的市场份额、定价策略、产品特点等信息，企业可以评估不同市场细分的竞争程度。如果某一市场细分竞争激烈，企业可能需要更加谨慎地进入该市场，并制定更具针对性的竞争策略。相反，如果某一市场细分竞争较弱，企业就有更多的机会在该市场中获得竞争优势，从而实现市场份额的增长。

最后，调研结果还可以帮助企业了解不同市场细分的消费者特征和行为模式。通过分析消费者的年龄、性别、收入水平、购买习惯等信息，企业可以更好地了解目标市场的特点和需求，从而制定更精准的营销策略。例如，如果调研结果显示某一市场细分的消费者更加注重产品质量和品牌声誉，企业就可以通过提升产品质量和加强品牌建设来吸引这一目标市场的消费者。

（三）竞争分析

竞争分析在制定营销策略中扮演着至关重要的角色。通过调研结果对竞争对手进行深入分析，企业可以全面了解市场格局、竞争态势以及自身在市场中的定位，从而制定相应的应对策略，提升市场竞争力。

第一，调研结果提供了关于竞争对手的丰富信息，包括其产品特点、市场份额、定价策略等。通过对竞争对手的这些信息进行分析，企业可以评估竞争对手在市场中的实力和竞争优势。例如，企业可以了解竞争对手的产品质量、品牌知名度、销售渠道等方面的情况，以及竞争对手在市场中的定位和市场份额大小。这有助于企业更好地了解市场竞争格局，找准自己在市场中的位置。

第二，竞争分析还可以帮助企业发现竞争对手的弱点和机会。通过对竞争对手的竞争策略、市场表现等方面进行深入研究，企业可以发现竞争对手存在的不足之处，或者是市场上的空白和机会。例如，企业可以发现竞争对手的产品存在质量问题或者服务不到位的情况，从而针对这些问题提供更优质的产品和服务，吸引更多的消费者。

第三，基于竞争分析的结果，企业可以制定相应的竞争策略。这包括提升产品质量、创新营销手段、调整定价策略等方面。例如，如果竞争分析显示竞争对手的产品质量较低，企业可以通过提升产品质量来树立自身的竞争优势；如果竞争对手的定价策略较为灵活，企业可以考虑调整自身的定价策略以提升竞争力。

产品与服务管理

第一节 产品生命周期管理

产品生命周期是指产品从进入市场到退出市场的周期性变化过程。它是指产品的市场寿命，而非产品的使用寿命。一般分为引入期（也称导入期、探索期）、成长期、成熟期（也称饱和期）、衰退期（也称衰落期）四个阶段。

一、引入期

（一）市场认知度低的挑战

在产品的导入期，最主要的挑战之一是市场认知度的低下。由于产品是新进入市场，消费者对其了解的程度有限，这导致了销售量增长缓慢甚至可能出现利润为负的情况。在这一阶段，企业需要克服以下挑战：

1. 市场接受度不足

（1）对产品的疑虑与不信任

消费者可能对新产品的性能、质量以及实际用途存在疑虑，因为他们缺乏对该产品的了解和经验。这种不确定性会影响消费者的购买决策，使得产品的市场接受度下降。

（2）购买决策的延迟

由于消费者对新产品的不确定性，购买决策往往会被延迟。消费者可能会选择等待产品的进一步评价和市场反馈，以降低购买风险，这进一步降低了新产品在市场上的接受度。

2. 竞争压力增加

在导入期，除了消费者对新产品的不确定性外，还面临着其他类似或替代产品的竞争，这增加了市场竞争的压力。

（1）同类产品的竞争

往往会有其他企业推出与新产品类似或功能相似的产品，这些产品可能已经在市场上建立了一定的品牌知名度和市场份额。因此，新产品需要在这些竞争对手中脱颖而出，才能吸引消费者的注意力。

（2）替代产品的竞争

除了同类产品的竞争，还可能存在一些替代产品，它们虽然不是直接的竞争对手，但同样能满足消费者的需求。这些替代产品的存在，会对新产品的市场接受度和销售带来一定的影响，增加了市场竞争的不确定性和复杂性。

（二）推广和宣传的重要性

为了应对市场认知度低的挑战，企业需要重点关注产品的推广和宣传工作。推广和宣传活动的有效性直接影响着产品在市场上的曝光度和认知度，进而影响销售业绩。在这一阶段，企业可以采取以下措施：

1. 广告投放

广告投放是一种有效的推广手段，可以通过不同的媒体平台来传播产品信息和品牌形象，提高产品的知名度和曝光率。具体的广告形式可以包括电视广告、广播广告、网络广告等。

（1）电视广告

电视广告是传统而又广泛的广告形式之一，能够覆盖大范围的受众群体，提高产品的曝光度和认知度。

（2）网络广告

随着互联网的发展，网络广告成为一种重要的推广方式。企业可以通过搜索引擎、社交媒体、视频网站等平台进行精准定位和投放，吸引目标用户的注意力。

2. 促销活动

促销活动是在产品导入期吸引消费者试用新产品的有效方式，可以通过优惠打折、赠品赠送、限时特价等方式，刺激消费者的购买欲望，提高销售量。

（1）优惠打折

通过给予折扣优惠，降低产品价格，吸引更多的消费者购买新产品，促进销

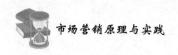

售增长。

（2）赠品赠送

赠送与产品相关的小礼品或样品，可以增加产品的附加价值，激发消费者的购买兴趣，提高产品的吸引力。

3.社交媒体营销

社交媒体成为人们获取信息和沟通交流的重要渠道，利用社交媒体平台进行产品推广能够有效地扩大产品的曝光度和口碑影响力。

（1）发布有吸引力的内容

通过发布有趣、有价值的内容，吸引用户关注，增加用户的黏性和互动性，提高产品的曝光度和用户参与度。

（2）与消费者互动

积极与消费者互动，回应用户的留言和评论，提供专业的咨询和解答，建立良好的品牌形象和用户关系，增强用户的信任感和忠诚度。

（三）加强与消费者的沟通

此外，企业还需要加强与消费者的沟通，积极收集消费者的反馈信息，以便及时调整产品和营销策略，提高市场竞争力。在这一阶段，可以采取以下方式加强沟通：

1.市场调研

（1）定性市场调研

通过访谈、焦点小组讨论等方式，深入了解消费者的生活习惯、价值观念、购买行为等信息，从而把握消费者的心理需求和行为特征。

（2）定量市场调研

通过问卷调查、统计分析等手段，获取大量数据，量化消费者对产品的认知和满意度，为产品改进和市场定位提供数据支持。

2.客户反馈

（1）客服热线

建立客服热线或客户服务平台，提供及时有效的客户服务，收集消费者的投诉、建议和意见，为产品改进和服务优化提供参考。

（2）线上反馈表

在企业官方网站或产品页面设置线上反馈表，让消费者可以随时随地提交反馈意见，方便快捷地了解消费者的需求和反馈。

3. 产品体验活动

（1）组织产品体验活动

举办产品体验活动或线下推广活动，让消费者有机会亲身体验产品的使用效果和特点，增强对产品的信心和认知，促进购买决策。

（2）用户体验设计

在产品设计和开发过程中，注重用户体验的设计，根据消费者的实际需求和使用习惯，提供更符合用户期待的产品功能和服务，增强用户满意度和忠诚度。

二、成长期

（一）急剧增长的销量

成长期是产品开始被大批购买者接受的阶段。在这个阶段，产品的销售量呈现急剧增长的趋势，销售利润不断增加。这一阶段的特点包括：

1. 市场需求旺盛

当产品具有创新性或独特性，并且能够满足消费者的需求或解决其痛点时，消费者往往表现出强烈的购买欲望。这可能是因为产品具有新颖的功能、设计或性能，或者是因为产品提供了比现有产品更好的解决方案。例如，一款新型智能手机推出了颠覆性的功能，如更长的电池续航时间或更快的处理速度，从而吸引了大量消费者的注意并导致销售量急剧增长。

2. 市场份额扩大

在企业成长期，通过有效的营销策略和产品推广活动，企业可以逐渐扩大在市场上的份额，提升品牌知名度和竞争力。这可能涉及广告宣传、促销活动、渠道拓展等方面的工作，旨在吸引更多的消费者，并与竞争对手展开竞争。通过不断提高市场份额，企业可以增加销售量并实现业务的快速增长。例如，一家新成立的餐饮连锁品牌通过在全国范围内开设新店铺，进行广告推广和特价促销活动等方式，吸引了大量消费者并迅速扩大了在市场上的份额，从而实现了销售量的急剧增长。

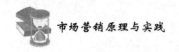

（二）加大生产力度

为了满足市场需求，企业需要加大生产力度，确保产品供应充足，及时满足消费者的购买需求，同时提高销售额和利润水平。在成长期，企业应该采取以下措施：

1. 生产规模扩大

（1）增加生产线

扩大生产规模的一个重要举措是增加生产线。通过增设新的生产线或扩建现有的生产线，企业可以提高生产能力，以满足市场需求的增长。这样的举措通常需要投入大量资金用于设备购置、工厂扩建等，但可以有效地提升生产效率和产量。

（2）提升生产效率

企业可以通过引入先进的生产技术和自动化设备，优化生产流程，减少生产周期和资源浪费，从而提高单位时间内的生产量。例如，采用智能化的生产设备和物流系统可以实现生产过程的智能化管理和快速调配，有效提升生产效率。

2. 供应链管理优化

（1）优化供应链合作关系

企业可以加强与供应商之间的合作关系，建立长期稳定的供应合作伙伴关系。通过与供应商密切合作，及时共享市场信息和需求预测，可以帮助供应商更好地调整生产计划和库存管理，确保原材料的及时供应。

（2）提高供应链透明度

企业可以借助信息技术和数据分析工具，建立起完善的供应链信息系统，实现对供应链全流程的监控和管理。通过实时追踪原材料的采购、运输和库存情况，企业可以更加精准地预测和应对供应链中的潜在风险，确保生产的顺利进行。

（三）注重品质管理和售后服务

提升产品的品质和用户体验，增强消费者的信任度和忠诚度，巩固产品在市场中的地位。在成长期，企业可以采取以下措施：

1. 质量控制加强

（1）加强产品质量管理体系

企业应加强对产品质量的管控，建立健全的质量管理体系。这包括严格执行ISO质量管理体系标准，建立完善的产品质量控制流程和标准操作程序（SOP），确保每一个生产环节都符合质量要求。通过建立质量管理手册、质量控制检测点和质量追溯体系等措施，企业可以及时发现和纠正生产过程中的质量问题，提高产品质量的稳定性和可靠性。

（2）持续改进和优化

除了建立质量管理体系，企业还应注重持续改进和优化。通过定期组织质量管理评审会议和内部培训，收集员工和客户的反馈意见，及时调整和改进质量管理措施，不断提升产品的质量水平。同时，积极采用先进的质量管理技术和方法，如六西格玛、精益生产等，以提高产品质量管理的科学性和效率性。

2. 售后服务完善

（1）建立健全的售后服务体系

企业应建立健全的售后服务体系，包括客户服务热线、线上客服平台、售后服务中心等。通过建立多种沟通渠道，及时响应客户的投诉和问题，并提供专业的解决方案，以满足客户的需求和期望。同时，建立客户投诉处理流程和客户满意度调查机制，持续改进售后服务质量，提升客户满意度。

（2）提供个性化的售后服务

除了提供基本的售后服务外，企业还应注重个性化的服务。通过了解客户的需求和偏好，提供定制化的售后服务方案，为客户提供更加个性化、专业化的解决方案。例如，为高端客户提供专属的客户经理服务，为大型客户提供定制化的维修方案等，以提升客户对企业的满意度和忠诚度。

三、成熟期

（一）差异化竞争策略的重要性

成熟期是产品市场发展的稳定阶段，此时市场已趋于饱和，竞争加剧。在这个阶段，产品的销售增速开始趋缓，销售利润也随之下降。为了应对这一挑战，企业需要采取差异化竞争策略，以在激烈的市场竞争中脱颖而出。具体包括：

1. 产品差异化

（1）产品功能差异化

产品功能差异化是通过在产品设计和开发阶段增加独特的功能或特性，使产品在市场上与竞争对手区别开来。这可能涉及新增的功能、性能提升、技术创新

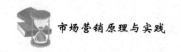

等方面。例如，智能手机市场上，不同品牌之间通过推出不同的摄像头功能、操作系统界面、人工智能助手等进行差异化竞争，吸引不同类型的消费者。

（2）产品设计差异化

产品设计差异化是通过外观、包装、材料等方面的设计，使产品在视觉上具有独特性和吸引力。好的产品设计可以为消费者留下深刻印象，并提升产品的品牌价值。例如，苹果公司以其简洁、时尚的产品设计著称，吸引了众多忠实用户。

（3）品质差异化

品质差异化是通过提高产品的质量水平和可靠性，使产品在市场上脱颖而出。企业可以通过严格的质量控制和认证体系，确保产品符合高品质标准。例如，汽车行业中，一些高端品牌通过严格的品质控制和豪华配置，赢得了消费者的信任和好评。

2.服务差异化

（1）个性化服务

个性化服务是根据客户的需求和偏好，提供定制化的服务方案。企业可以通过了解用户偏好、购买历史、使用习惯等信息，为其量身定制服务，提升客户体验和满意度。例如，一些高端酒店通过了解客户的喜好，提供定制化的客房布置和服务，赢得了客户的忠诚度。

（2）增值服务

增值服务是指为产品提供额外的价值附加服务，使产品更具吸引力和竞争力。这可能包括免费维修、延长保修期、定期检查等服务。通过提供优质的增值服务，企业可以提高客户满意度和忠诚度，增强市场竞争力。例如，一些电子产品厂商提供免费的软件更新和维修服务，增加了产品的使用价值和竞争优势。

（二）创新和市场细分

为了延长产品的生命周期，企业需要不断进行创新，寻找新的增长点。在成熟期，通过产品创新和市场细分等手段，企业可以重新定义目标市场，挖掘新的市场需求，创造新的市场机会。具体措施包括：

1.产品创新

（1）不断改进现有产品

产品创新不仅包括推出全新的产品，也包括对现有产品的不断改进和优化。

通过收集消费者的反馈和市场调研数据，企业可以了解消费者的需求和偏好，并对现有产品进行功能升级、性能优化、外观设计等方面的改进。例如，智能手机厂商每年推出的新款手机，往往会在上一代产品的基础上增加新的功能、提升性能，以满足消费者对技术的不断追求。

（2）推出新功能、新款式

为了保持产品的竞争力和吸引力，企业需要不断地推出新的产品功能和款式。这可能涉及技术创新、设计创新等方面。例如，智能家居产品市场上，厂商们不断推出具有智能化、互联网功能的新产品，以满足消费者对便利性和智能化生活的需求。另外，时尚服装行业也经常推出新款式，迎合消费者对时尚和个性化的追求。

2. 市场细分

（1）进一步细分市场

市场细分是将整个市场划分为若干个更小、更具有特定特征的细分市场。通过深入了解不同消费者群体的需求和行为，企业可以将市场分割成更小的部分，并针对每个细分市场提供更专业化、更个性化的产品和服务。例如，运动鞋市场可以细分为跑步鞋、篮球鞋、健身鞋等多个细分市场，每个市场针对不同运动者的需求提供特定款式的鞋子。

（2）提供个性化的产品和服务

市场细分可以帮助企业更精准地了解目标消费者群体的需求和偏好，从而提供更个性化的产品和服务。通过定制化、差异化的产品和服务，企业可以吸引更多的目标消费者，提高市场覆盖率和市场份额。例如，一些高端汽车品牌针对不同的消费者群体推出不同配置和风格的车型，以满足不同消费者的需求和品位。

（三）品牌建设和市场营销

在成熟期，品牌建设和市场营销变得尤为重要，是企业保持市场竞争力的关键。企业应该加强品牌建设，树立良好的品牌形象和声誉，在消费者心中树立品牌认知和忠诚度。同时，通过市场营销活动，提升产品的市场知名度和销售量，扩大市场份额。具体措施包括：

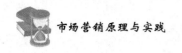

1.品牌建设

（1）加强品牌宣传和推广

品牌建设是企业提升竞争力和市场地位的重要手段之一。通过加强品牌的宣传和推广，企业可以提升品牌的知名度和美誉度，树立品牌在消费者心中的地位和形象。这包括通过广告、公关活动、赞助活动等方式向消费者传递品牌的核心价值和特色，引起消费者的关注和认可。例如，一些知名的国际品牌会在重要的体育赛事上进行赞助，并通过广告宣传提升品牌形象。

（2）提升品牌影响力和美誉度

品牌建设的核心目标之一是提升品牌的影响力和美誉度。通过精心策划的品牌活动和推广策略，企业可以向消费者展示品牌的价值和特点，赢得消费者的信任和支持。例如，一些知名品牌会在社交媒体上开展品牌营销活动，通过与消费者互动，增强品牌与消费者之间的情感联系，提升品牌美誉度。

2.市场营销

（1）广告

广告是市场营销的重要手段之一，可以帮助企业提升产品的曝光度和知名度。通过在电视、网络、平面媒体等渠道发布广告，企业可以将产品信息传播给更多的目标消费者，吸引他们的注意力，促进购买行为。例如，一些知名品牌会在重要的电视节目或网络视频平台上发布广告，以提升品牌知名度和销售量。

（2）促销活动

促销活动是市场营销中常用的手段之一，可以帮助企业吸引消费者的注意力，提高产品的销售量和市场份额。通过举办打折、赠品、抽奖等促销活动，企业可以刺激消费者的购买欲望，促进销售。例如，一些超市会定期举办促销活动，吸引消费者前来购物，并提升销售额。

3.渠道拓展

（1）拓展线上渠道

随着互联网的发展，线上渠道已成为企业市场营销的重要组成部分。通过建立自己的官方网站、电商平台店铺等线上销售渠道，企业可以直接面向消费者，提升产品的销售量和知名度。例如，许多知名品牌已经建立了自己的官方网站和线上商城，通过线上渠道销售产品，满足消费者的购物需求。

（2）拓展线下渠道

除了线上渠道，企业还可以通过拓展线下销售渠道来增加产品的曝光度和销售量。通过与零售商合作、开设实体店铺等方式，企业可以将产品销售网点覆盖更广泛的地区，吸引更多的消费者。例如，一些知名品牌会在商业中心、购物中心等人流量较大的地区开设实体店铺，提高产品的销售量和市场份额。

四、衰退期

（一）退出市场的风险

衰退期是产品面临着退出市场风险的阶段。在这个阶段，由于市场竞争加剧、消费者需求变化等因素影响，产品销售量急剧下降，企业面临着市场份额和利润下滑的风险。具体表现为市场竞争激烈、产品销售下滑、企业利润减少、市场份额受到挑战。

（二）调整产品结构和削减成本

在衰退期，企业需要审时度势，及时采取措施应对市场的变化，降低风险。其中，调整产品结构和削减成本是应对衰退期的重要策略之一。企业可以考虑优化产品结构，简化产品线，减少不必要的产品种类，以降低生产成本和库存成本；同时，通过提高生产效率，降低人工成本和管理成本等方式，削减企业运营成本，提高企业盈利能力。

（三）产品升级改良和拓展新市场

此外，企业还可以通过产品升级改良和拓展新的市场领域等方式，寻找新的增长机会，延缓产品的衰退过程。在产品升级改良方面，企业可以对现有产品进行技术升级和功能改良，提升产品的性能和品质，以吸引消费者的注意力，延长产品的生命周期。同时，企业可以通过拓展新的市场领域，寻找新的消费者群体和市场机会，开拓新的销售渠道，以扩大产品的销售量和市场份额，保持企业的竞争力和盈利能力。

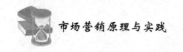

第二节 产品定价策略与方法

一、成本加成法和市场定价法

（一）成本加成法

成本加成法是一种常见的定价方法，其核心思想是在产品的生产成本基础上添加一定的利润，确定最终的售价。这种方法适用于那些有明确成本控制的企业，能够确保企业获得合理的利润，并维持业务的持续性和稳定性。

第一，企业在采用成本加成法时，需要对产品的生产成本进行准确计算。这包括了原材料成本、生产成本、人工成本以及销售和分销成本等方面。准确计算产品的生产成本是成本加成法的基础，也是确定最终售价的关键因素之一。只有确保成本数据的准确性和完整性，企业才能在定价过程中做出合理的决策。

第二，企业在计算完产品的生产成本后，需要在此基础上添加一定的利润率。利润率的确定需要考虑多种因素，包括市场需求、竞争情况、行业标准以及企业自身的盈利目标等。在确定利润率时，企业需要权衡利润和销售量之间的关系，避免因过高或过低的利润率而导致销售不利或盈利不足。

第三，成本加成法的优势在于其简单易行，能够为企业提供相对稳定和可预测的定价策略。通过确保利润与成本的合理关系，企业可以实现盈利最大化的同时，保持产品的竞争力和市场地位。然而，成本加成法也存在一些局限性，例如无法充分考虑市场需求和消费者的支付意愿，可能导致定价偏离市场实际情况而影响销售效果。

（二）市场定价法

市场定价法是一种基于市场情况的定价方法，其核心理念是通过对竞争对手的定价策略和市场需求的分析，来确定自身产品的定价水平。这种方法更多地依赖于对市场的调查和分析，因为只有对市场定价情况有充分了解，企业才能做出更为准确和合理的定价决策。在执行市场定价法时，企业需要考虑多方面的因素，以确保定价的合理性和竞争力。

第一，企业在执行市场定价法时，需要对竞争对手的定价策略进行深入地研究和分析。通过了解竞争对手的定价水平、定价策略以及市场份额等情况，企业可以更好地把握市场的定价走势和竞争态势，从而为自身的定价策略做出更为准确的决策。

第二，企业需要考虑产品的特性和品牌形象等因素。不同的产品特性和品牌形象可能会对市场定价产生重要影响。例如，高端产品可能会采用高价策略，以彰显产品的高品质和奢华形象；而大众产品可能会选择更为亲民的价格，以迎合更广泛的消费群体。

第三，企业还需要针对不同的目标市场做出不同的定价决策。不同地区、不同消费群体可能对产品的价格有不同的接受程度，因此企业需要根据目标市场的特点来确定最合适的定价水平，以确保产品在市场上的竞争力和销售额。

第四，市场定价法还需要考虑竞争对手的反应和市场的动态变化。市场定价是一个动态过程，竞争对手的定价策略和市场需求可能随时发生变化，企业需要保持敏感度，及时调整自身的定价策略，以应对市场的变化和竞争的挑战。

二、心理定价法和竞争定价法

（一）心理定价法

心理定价法是一种以消费者心理、感受和态度为基础的定价方法，旨在通过操纵消费者的心理预期和反应来确定产品的价格。这种方法常见于奢侈品、高端产品和特殊产品等领域，其中包括多种策略，如价格奇数化、市场定价和高低定价法等。通过这些策略，企业能够有效地提升产品的附加价值，增加消费者的购买动机和心理感受。

在心理定价法中，价格奇数化是一种常见的策略，主要方法是通过将产品价格设置为奇数，如 99 元、199 元等，来给消费者一种价格更为亲民的感觉，从而促进购买欲望。这种定价策略利用了消费者心理上对价格末尾数字的感知，认为价格更接近一个整数，因此更为合理，进而增加了购买的可能性。

市场定价是另一种心理定价法的应用，企业通过定价来与市场上的其他产品形成对比，从而影响消费者对产品的认知和评价。例如，在与其他高端产品形成

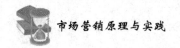

对比时，企业可能会采取高价定价策略，以凸显产品的独特性和高品质，从而提升产品在消费者心目中的价值感和吸引力。

高低定价法则是通过将产品的高价和低价两种定价策略结合起来，来影响消费者的购买行为。企业会同时推出高价和低价产品线，以吸引不同消费群体的需求。高价产品线会吸引追求品质和奢华的消费者，而低价产品线则满足更为价格敏感的消费者，从而扩大产品的市场覆盖范围。

在心理定价法的应用中，企业需要深入了解消费者的心理和行为特点，以精准地制定定价策略。通过调研消费者的购买行为和市场反馈，企业可以更好地把握消费者的心理预期和偏好，从而提高产品的市场竞争力和销售额。

（二）竞争定价法

竞争定价法是一种通过针对竞争对手的定价策略来确定产品价格的方法。通过深入研究市场上竞争对手的定价策略和价格水平，企业可以确定自身产品的定价策略，以在市场上获得竞争优势。这种定价方法的核心在于了解竞争对手的产品特点、市场份额和定价策略，以制定相应的定价计划，确保价格的合理性和竞争力。

在执行竞争定价法时，企业首先需要对竞争对手进行全面的市场分析和定价策略研究。这包括对竞争对手产品的定价水平、定价策略的变化趋势以及市场份额等方面进行深入了解。通过分析竞争对手的定价策略，企业可以发现竞争对手的优势和劣势，从而制定自身的定价策略。

另外，竞争定价法也需要企业根据自身产品的特点和市场定位来确定适合自己的定价策略。企业可以选择采取价格竞争、差异化定价或价值定价等不同的策略，以应对不同的市场竞争局面。例如，如果企业的产品具有独特的特点或优势，可以采取差异化定价策略，以凸显产品的价值和品质。

在竞争定价法中，企业还需要密切关注市场的动态变化和竞争对手的行动，及时调整自身的定价策略。这包括根据市场需求和竞争环境的变化，灵活调整产品的定价水平和促销活动，以保持市场竞争力和盈利能力。

三、品牌定价法

品牌在市场中的认知度、形象和美誉度对于产品的定价具有重要影响。通过品牌定价法，企业可以巧妙地利用品牌的溢价效应，提高产品的价格水平，从而增加产品的附加价值和市场竞争力。尤其对于高端、奢侈品和具有品牌溢价的产品而言，品牌定价法更为适用。

（一）品牌形象设计

品牌形象设计是品牌定价法的基础，它直接影响着消费者对品牌的认知和感知。一个成功的品牌形象设计能够有效地塑造品牌的个性、独特性和价值观，为产品赋予更高的附加价值。在品牌形象设计中，企业需要通过多种方式来建立和巩固品牌形象。首先，品牌标识的设计是品牌形象设计的核心，包括标志、商标、字体和颜色等元素。通过设计独特、简洁而富有辨识度的品牌标识，企业可以在潜在消费者心中留下深刻的印象，提升品牌的认知度和美誉度。其次，品牌故事和品牌文化也是品牌形象设计的重要组成部分。通过诉说品牌的发展历程、核心价值观和文化内涵，企业可以打造具有情感共鸣和吸引力的品牌形象，从而增强消费者对品牌的认同感和忠诚度。此外，产品包装和广告宣传也是品牌形象设计的重要环节。精美、独特的产品包装设计和富有创意的广告宣传活动可以有效地传递品牌的理念和情感，吸引消费者的注意力，提升品牌的美誉度和市场竞争力。

（二）营销策略

品牌定价法的成功实施离不开有效的营销策略。企业可以通过多种营销手段来提升品牌形象和认知度，从而提高产品的价格水平和销售额。

首先，品牌推广活动是提升品牌知名度和美誉度的重要途径。企业可以通过线上线下的广告宣传、赞助活动、促销活动等方式，扩大品牌的曝光度，吸引更多消费者的关注和认可。

其次，品牌合作和联合营销是拓展品牌影响力的有效手段。通过与其他品牌或机构进行合作，共同推出产品或开展营销活动，企业可以利用合作双方的资源和影响力，实现品牌的共赢和品牌形象的提升。

最后，社交媒体营销和内容营销也是提升品牌认知度和影响力的重要方式。通过在社交媒体平台上分享有趣、有吸引力的内容，企业可以吸引用户的关注和转发，从而提升品牌的曝光度和影响力。同时，通过创作和分享与品牌相关的优质内容，企业可以建立与消费者之间的良好互动关系，增强品牌的认可度和忠

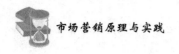

诚度。

（三）定价策略

在品牌定价法中，定价策略是关键的一环。企业需要综合考虑品牌形象、产品特性、目标市场以及竞争对手的定价策略等因素来制定合适的定价策略。

首先，企业可以考虑采用溢价定价策略来提高产品的价格水平。溢价定价是在产品的基础价格上添加额外的溢价，以反映品牌的独特性和附加价值。通过溢价定价，企业可以塑造产品的高端形象，吸引更多愿意为品牌溢价买单的消费者，实现产品价格的提升和利润的增加。

其次，市场定价策略是另一种常用的定价方法。企业可以根据市场需求和竞争情况来确定产品的价格，以确保产品的市场竞争力。市场定价需要对市场进行充分的调查和分析，了解消费者的购买能力、竞争对手的定价策略以及市场的变化趋势，从而确定适当的价格水平。

再次，企业还可以考虑采用促销定价策略来提高产品的销售额。促销定价是在一定时期内，以低于市场价的价格销售产品，以吸引更多消费者购买。通过促销活动，企业可以提高产品的销量，增加品牌的知名度和美誉度，从而实现销售额的增加和市场份额的扩大。

最后，动态定价策略也是品牌定价法中的重要策略之一。动态定价是根据市场需求和供应情况的变化，随时调整产品的价格水平，以适应市场的变化。企业可以利用市场调查和数据分析工具，不断监测市场的变化，及时调整产品的定价策略，以保持竞争优势和市场领先地位。

四、完美定价法

完美定价法是一种综合运用各种定价策略的方法，主要基于消费者需求和产品优势来确定产品的价格。这种方法结合了成本加成法、市场定价法、心理定价法和竞争定价法等多种策略，以确保产品价格的合理性和竞争力。企业在制定完美定价的时候，需要综合考虑消费者的需求和愿意支付的价格，同时也要了解竞争对手的市场价格，并保持自身的利润和市场策略的稳定性。

（一）消费者需求分析

在制定定价策略之前，企业首先需要深入分析消费者的需求和购买行为。这包括了解消费者的价格敏感度、购买习惯、偏好以及愿意支付的价格范围等方面。通过调研和市场分析，企业可以获取消费者的反馈和意见，从而更好地把握市场需求，为定价提供依据。

（二）竞争环境评估

完美定价法还要考虑市场竞争环境，包括竞争对手的定价策略、产品特点以及市场份额等因素。企业需要了解竞争对手的价格水平，并根据竞争对手的定价行为来调整自身的定价策略。通过分析竞争环境，企业可以确定合适的价格定位，以确保产品在市场上的竞争力。

（三）产品特性和附加价值

完美定价法强调了对产品特性和附加价值的充分考虑。企业需要准确评估产品的品质、功能、设计等特点，并确定产品相对于竞争对手的优势和附加价值。基于产品的独特性，企业可以通过定价来反映产品的价值，从而提高产品的价格水平和市场竞争力。

第三节　产品品牌管理

一、品牌对企业的重要性

品牌对企业的重要性不言而喻，它不仅是企业的标识，更是企业在市场竞争中的核心竞争力之一。以下是品牌对企业的重要性的几个方面：

（一）标识企业身份

消费者通过品牌来识别和辨认产品或服务，从而建立起对企业的认知和信任。优秀的品牌标识能够使消费者在众多竞争对手中迅速找到并选择自己的产品或服务，从而增加了企业的市场竞争力。

品牌标识不仅仅是一个简单的图形或文字，它背后承载着企业的历史、文化和价值观。一个成功的品牌标识能够在消费者心中留下深刻的印象，并建立起对企业的认知和信任。例如，苹果公司的"苹果"标志，耐克的"勾勾"标志，都是极具辨识度和代表性的品牌标识，它们成功地将企业形象与品牌价值紧密联系在一起。此外，品牌标识还可以帮助企业在市场上建立起差异化竞争优势。通过独特而具有吸引力的品牌标识，企业可以在消费者心目中塑造出独特的品牌形象，使自己在众多竞争对手中脱颖而出。例如，可口可乐与百事可乐的品牌标识虽然都是瓶身上的文字和图案，但由于不同的设计风格和色彩选择，使得两者在市场上呈现出截然不同的形象和品牌定位。另外，优秀的品牌标识还能够提升企业的市场知名度和美誉度，促进产品销售和品牌影响力的提升。一个独特而具有吸引力的品牌标识会成为消费者口口相传的话题，进而带动产品的口碑推广和销售增长。因此，企业在设计和管理品牌标识时，应该注重与企业文化和价值观的契合，同时也要兼顾市场的需求和消费者的心理预期，以实现品牌标识的最大化效益。

（二）增强产品认知度

建立良好的品牌能够极大地增强产品的认知度，从而使产品更容易被消费者所认知和记住。这种认知度的提升对于企业来说至关重要，因为消费者在购买决策过程中往往更倾向于选择那些熟悉和信任的品牌。一个独特而引人注目的品牌能够在消费者心中留下深刻的印象，从而提高产品的曝光率和市场占有率。

品牌认知度的提升不仅仅是产品曝光的结果，更是品牌在消费者心目中的根深蒂固的认知和认可。通过一系列的品牌推广和营销活动，企业可以有效地提升品牌在目标市场的知名度和认知度。例如，可以通过广告、促销活动、公关活动、社交媒体营销等多种手段来加强品牌的曝光度和影响力。此外，与社会事件和时事结合的品牌营销活动也是提升品牌认知度的有效方式，可以通过与热点事件或社会话题相关的内容来引起消费者的关注和讨论，从而扩大品牌的影响范围。

在品牌认知度的提升过程中，企业需要不断地强调品牌的核心价值和特点，使消费者能够清晰地理解和认知品牌所代表的意义和理念。同时，积极参与行业内的活动和社区建设，也是提升品牌知名度的重要途径。通过参与行业内的展会、论坛和社区活动，企业可以加强与消费者和行业相关人士的沟通和交流，建立起更加紧密的品牌关系，从而提升品牌的认知度和忠诚度。

（三）塑造品牌形象

品牌形象在企业的发展和竞争中起着至关重要的作用，因为它不仅仅是一个标识，更是企业形象的体现。通过品牌，企业可以向消费者传达自己的核心价值观、文化理念和产品特点，从而塑造积极的品牌形象，提升品牌价值和品牌忠诚度。

第一，良好的品牌形象能够赢得消费者的信任和认可。消费者在选择产品或服务时往往更倾向于选择那些拥有良好品牌形象的企业。一个具有积极形象的品牌通常代表着高品质、可靠性和诚信，这些特质能够吸引消费者的注意并建立起他们对品牌的信任，从而增加产品的市场竞争力。

第二，良好的品牌形象有助于建立良好的品牌口碑和品牌声誉。消费者对于品牌的评价和反馈会直接影响到其他消费者的购买决策，因此一个积极的品牌形象能够为品牌赢得更多的支持者和忠实客户。良好的口碑和声誉将有助于企业吸引更多的消费者，扩大市场份额，并提升竞争优势。

第三，企业可以通过不断提升产品质量、优化售后服务、积极履行社会责任等方式来树立积极的品牌形象。高品质的产品和优质的服务是建立良好品牌形象的基础，因为消费者通常会对产品的质量和服务的满意度有一个评价，并据此形成对品牌的印象。同时，积极履行社会责任也是塑造积极品牌形象的重要途径之一。企业通过参与公益活动、环保行动等社会责任项目，展现出对社会和环境的关注和贡献，从而赢得消费者的尊重和支持。

二、品牌建设与管理的方法

（一）明确定位

明确定位是品牌建设过程中至关重要的一环，它涉及企业对市场的深入了解、对目标消费群体的精准把握，以及对自身核心竞争优势的清晰认知。

1. 市场分析与定位

在进行品牌定位之前，企业需要进行全面的市场分析，深入了解市场的结构、特点和趋势。通过市场分析，企业可以确定最适合自己的目标市场，并确定目标市场的规模、增长潜力以及竞争情况。在选择目标市场的同时，还需要对市场进行细分，以便更好地满足不同消费群体的需求。

2. 目标消费群体的确定

企业需要深入了解目标消费群体的特征、偏好、行为习惯以及购买动机，以

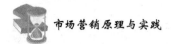

便更精准地为他们提供产品或服务。通过市场调研和消费者洞察，企业可以了解目标消费群体的需求和诉求，从而制定相应的品牌定位策略。

3. 核心竞争优势的明确

每个企业都应该有自己独特的核心竞争优势，这是企业在市场竞争中脱颖而出的关键所在。企业需要认真分析自身的优势资源，包括技术实力、产品质量、品牌声誉、营销能力等方面，并确定哪些方面是与竞争对手明显不同的。只有明确了核心竞争优势，企业才能在品牌定位中找到自己的定位点，建立起差异化竞争优势。

（二）品牌形象设计

一个成功的品牌形象能够为企业赢得消费者的信任和忠诚度，从而在竞争激烈的市场中脱颖而出。

1. 品牌标识设计

品牌标识是企业的核心标识，是企业形象的重要组成部分。一个独特、简洁而又富有辨识度的品牌标识能够在潜在消费者的心中留下深刻的印象，成为品牌的重要代表。在进行品牌标识设计时，需要考虑到品牌的定位、核心价值观以及目标消费群体的喜好和审美观，以确保标识的设计能够准确地传达品牌的意义和形象。

2. 视觉形象设计

视觉形象是品牌形象中的重要组成部分，包括品牌的视觉元素、色彩搭配、字体设计等。一个成功的视觉形象能够吸引消费者的注意力，并在瞬间传达品牌的个性和特点。在进行视觉形象设计时，需要考虑到品牌的行业属性、产品特点以及目标市场的文化背景，以确保设计的视觉形象能够与品牌形象保持一致，同时又能够吸引目标消费群体的注意力。

3. 语言风格设计

语言风格是品牌形象的重要表现形式，它包括品牌的口号、广告语、品牌故事等。一个富有创意和个性化的语言风格能够让品牌更加生动和有趣，增强消费者的认知和记忆度。在进行语言风格设计时，需要考虑品牌的定位、文化内涵以及目标消费群体的语言习惯和口味，以确保语言风格的设计能够贴合品牌形象，同时又能够引起消费者的共鸣和共鸣。

（三）品牌传播

品牌传播是品牌建设过程中至关重要的一环，它直接决定了品牌形象在目标市场中的曝光度和认知度。通过合适的传播渠道和方式，企业可以有效地将品牌形象传递给目标消费者，从而增强品牌的市场竞争力和影响力。

1. 广告宣传

广告宣传是品牌传播的重要方式之一，通过电视、广播、报纸、杂志等媒体，向消费者传达品牌信息和产品优势。企业可以根据目标市场的特点和消费者的偏好，选择合适的广告平台和形式，设计创意吸引人的广告内容，从而提升品牌的知名度和认知度。

2. 公关活动

公关活动是品牌传播的重要组成部分，通过参加行业展会、举办新品发布会、开展公益活动等方式，增强品牌在消费者心目中的形象和声誉。企业可以通过公关活动与消费者进行直接互动，传递品牌理念和核心价值观，建立起良好的品牌形象和品牌声誉。

3. 内容营销

内容营销是一种通过优质内容来吸引目标受众，并间接推广品牌的传播方式。企业可以通过撰写博客、发布视频、制作电子书等形式，提供有价值的内容信息，引导消费者了解和认识品牌，从而提升品牌的影响力和忠诚度。

第四节　产品创新与开发

一、技术创新、产品创新与产品研发内涵

产品创新，指的是推出市场上从未见过的产品、首次上市的产品，或对现有产品在结构、功能、特性等方面进行重大改进。它涵盖了产品外观、内在设计、工艺和理念等方面的创新。一个企业的生存关键在于其产品，而其进一步发展的机遇则来自产品的创新。因为产品创新的成败直接决定了企业的市场竞争力。企业的产品创新必须紧密围绕着其核心要素——产品展开，而创新的成败最终必须通过新产品的研发和生产来验证。因此，企业必须对现有产品进行深入分析，并

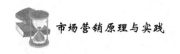

对不同产品采取不同的战略。

产品研发是指基于新知识和新技术进行的系统性创造性工作。它利用从研究和实践中获得的现有知识和技术，以创造新的材料、产品、装置等为目标，建立新的工艺系统和服务，以及对已有产品和系统进行实质性改进。

二、技术创新产品创新与产品研发特点

（一）技术创新特点

技术创新可以说是企业生存与发展的灵魂，是企业得以立于不败之地的核心竞争力。包括产品创新、工艺创新、材料创新、管理创新等多个方面。通常说来，技术创新具有以下几个特点：

1. 滞后性

技术创新的来源是技术发明，但往往由于实际技术的可行性问题。原材料、经济效益化、科学管理评估等原因导致从技术发明出现到技术创新实现还需要一段时间，这就客观上造成了技术创新存在一定程度的滞后性。

2. 周期性

技术创新从本质说不是改良，而是革命。根据任何事物都是发展变化的这一客观规律，技术没有任何一个具体形式会成为其最终模式。

3. 时效性

技术创新是人利用自己的智慧与经验，根据已有的技术，并结合当前的客观实际条件去实现的。

（二）产品创新特点

产品创新归根结底来说是由许许多多创新活动结合在一起而形成的一个创新网络，这个网络涵盖了产品研究与开发、生产制造、改良优化等一系列过程与环节。产品创新是对该产品从无到有，或使其本身达到一个质的变化，是一个对新产品的探索与创造过程。通常来说，产品创新具有以下几个特点：

1. 依赖性

产品创新不仅需要人的智慧，同时也需要相应要求的硬件设备，如资金、设备、场地等，产品创新对企业的技术、经济水平有较大的依赖性，在不同环境和条件下，产品创新的期强效果内容等也会不同。

2. 不确定性

创新是一项技术探索活动，在将创新行为转化为实际产品时，一切都还是未知数，在这一过程中，不可避免地具有较大的不确定性，包括技术的不确定性、创新投入的不确定性、市场的不确定性等。

3. 风险性

产品创新本身就是一个机会与风险并存的活动。创新会受到企业技术条件、经营条件、内外环境市场需求相关政策等问题的影响，这些问题都会给企业产品创新带来一定的风险性。创新必须通过技术风险、商业风险、市场风险等关口，才能实现创新收益。

4. 复杂性

产品创新从实质上包含了许多方面的内容，如技术创新、理念创新、外观设计创新、功能创新等方面。某产品在上述诸多方面只要有一个或多个方面存在创新，便可以说实现了该产品的产品创新。

（三）产品研发特点

1. 社会需求性

社会需求是科学技术发展和企业产品研发的重要驱动力，它直接影响着创新方向和产品推广的可行性。企业的研发活动旨在满足社会需求，促进社会进步和发展。大多数国家的企业通常依托科研机构的基础研究成果，进行进一步的研发工作，并将其转化为商品化和产业化的实际成果。在现代社会，社会需求不断演变和变化，涵盖了各个领域和方面，如医疗保健、环境保护、能源开发、信息技术等。企业在进行产品研发时，必须密切关注社会需求的变化趋势，将科技创新与社会需求有机结合，才能取得市场竞争的优势。例如，在医疗保健领域，随着人口老龄化趋势加剧和健康意识的提高，社会对于医疗器械、药品和健康管理等方面的需求不断增加。因此，企业在医疗领域的研发工作就需要聚焦于开发更有效、更智能的医疗设备和药物，以满足人们日益增长的健康需求。另外，在环境保护领域，全球环境问题日益突出，对于节能减排、清洁能源等方面的需求也越来越迫切。因此，企业需要加大对环保技术的研发力度，推出符合环保标准的产品和解决方案，以应对社会对环境保护的迫切需求。

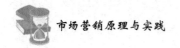

2. 综合性

产品研发是将基础研究成果和应用研究成果转化为生产实践中的新产品和新工艺的实用研究过程。它既包括将新的科学技术原理应用于产品创新，也包括对老产品在性能、材料、生产工艺等方面进行改进和革新。在产品研发的过程中，需要综合运用多种技术和工艺，形成跨学科的研发团队，共同完成一项研发任务。产品研发的核心目标在于将科技成果转化为实用价值，以满足市场需求和用户期待。这涉及到对技术的深入理解和掌握，对市场趋势和消费者需求的准确把握，以及对产品性能、质量和成本等方面的全面考量。因此，产品研发过程需要综合运用多种技术和工艺，以确保最终产品具有竞争力和市场可行性。

在产品研发的实践中，通常会形成由工程师、设计师、技术专家、市场营销人员等组成的跨学科研发团队。这些团队成员在各自领域拥有专业知识和技能，通过密切合作和协同努力，共同解决技术难题，优化产品设计，提高生产效率，从而实现产品研发的目标。此外，产品研发还需要注重创新和实践，鼓励团队成员提出新的想法和方案，并通过实验和试验验证其可行性和效果。只有不断创新和实践，才能不断推动产品研发的进步，保持企业的竞争优势和市场领先地位。

3. 持续性

新产品研发过程是持续的、动态的。由于环境、市场和组织都在不断发展变化，它们对新产品的需求和影响也在不断变化。即使某一特定产品在推出时，或者在推出后，仍然会经历渐进式的变化。因此，组织内对新品研发的共识需要保持清醒的认识，并且这一点至关重要。因为只有这样，组织才能迅速实施开发计划并作出必要的调整。

在不断变化的市场环境中，新产品的需求和市场竞争状况不断变化，企业必须不断调整自己的研发策略和产品方向，以适应市场的变化和需求的变化。这意味着新产品研发过程不能停留在一成不变的状态，而是需要不断地进行更新和改进。此外，技术的发展也是持续的，新的科学技术不断涌现，原有的技术也在不断升级和演进。因此，企业在进行新产品研发时，需要及时吸纳最新的科技成果，保持技术的领先优势，并不断改进产品的技术性能和质量水平。

第五节 服务质量管理

一、服务质量对企业的重要性

服务质量在当今竞争激烈的市场环境中具有至关重要的作用。企业提供的服务质量直接影响着客户的满意度、忠诚度以及口碑的形成。以下是服务质量对企业的重要性的几个方面：

（一）客户满意度和忠诚度

1. 满意度提升

在提高客户满意度方面，企业需要注意一系列关键因素。

首先，产品或服务的质量是至关重要的。通过确保产品质量符合客户期望甚至超越期望，企业可以建立起客户对其产品的信任，从而提高满意度。

其次，提供优质的客户服务也是至关重要的。及时有效的客户支持和沟通可以帮助解决客户问题，增强客户对企业的满意度。

最后，个性化的服务体验也是提升满意度的关键。了解客户的需求和偏好，并根据其个性化需求提供定制化的解决方案，可以更好地满足客户的期望，提高满意度水平。

2. 忠诚度加强

在加强客户忠诚度方面，企业需要采取一系列策略来建立长期稳定的客户关系。

首先，建立信任是关键。通过持续提供高质量的产品和服务，企业可以赢得客户的信任，并建立起稳固的客户关系，从而增强客户的忠诚度。

其次，提供增值服务也是提高客户忠诚度的有效途径。通过提供额外的价值，如专业咨询、定期维护等服务，企业可以增强客户对其产品或服务的依赖性，从而提高客户的忠诚度。

最后，建立客户反馈机制也是加强客户忠诚度的重要手段。通过收集客户反馈，并及时做出改进，企业可以不断提升产品或服务的质量，满足客户需求，从

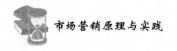

而增强客户的忠诚度。

（二）品牌形象和声誉

1. 信任建立的关键因素

信任是品牌形象和声誉建立的基础。企业通过提供优质的产品和服务，以及诚信可靠的行为举止，赢得客户的信任。优质的服务质量不仅仅是产品本身的质量，还包括客户服务、售后支持等方面。通过建立良好的信任关系，客户更愿意购买并与企业建立长期合作关系，从而促进品牌形象的提升和声誉的巩固。

2. 品牌价值提升的策略

提升品牌价值是企业长期发展的重要战略目标之一。品牌价值不仅体现在产品或服务的价值，还包括品牌在消费者心目中的认知和评价。为了提升品牌的价值，企业需要不断提升产品或服务的品质，并与客户建立起良好的互动关系。此外，品牌定位也是提升品牌价值的重要手段。通过清晰明确的品牌定位，企业可以更好地传达品牌的核心价值和理念，吸引更多的目标客户，提升品牌的吸引力和影响力。

3. 形象塑造的策略与实践

积极塑造品牌形象是企业品牌管理的重要内容之一。优质的服务体验有助于塑造积极的品牌形象，使客户将企业与高品质、可靠和专业等形象联系起来。为了积极塑造品牌形象，企业需要注重品牌的外部表现和内在实质。外部表现包括品牌标识、宣传广告、公关活动等，通过这些方式展示企业的形象和价值观。内在实质则包括产品或服务的质量、客户体验、企业文化等，这些方面直接影响客户对品牌的认知和评价。通过外部表现和内在实质的统一，企业可以塑造积极的品牌形象，赢得客户的信赖和支持。

（三）竞争优势

1. 差异化竞争的战略意义

差异化竞争是企业在市场竞争中取得竞争优势的重要策略之一。在差异化竞争中，优质的服务质量扮演着关键的角色。通过提供独特的服务体验，企业可以与竞争对手区别开来，从而吸引更多的客户和市场份额。差异化的服务体验可以体现在多个方面，包括产品质量、售后服务、客户体验等。通过不断创新和提升服务质量，企业可以实现差异化竞争，建立起独特的竞争优势。

2. 客户满意度提升的关键因素

提升客户满意度是企业实现竞争优势的重要途径之一。优质的服务体验可以有效提升客户的满意度和忠诚度，使其更愿意选择企业的产品或服务。客户满意度的提升不仅可以增加企业的市场份额，还可以提升客户的口碑推广效应，促进企业的品牌形象和声誉的提升。为了提升客户满意度，企业需要注重产品或服务的质量、客户服务的效率和响应速度等方面，不断优化客户体验，满足客户的需求和期望。

3. 成本效益提高的途径

高品质的服务不仅可以提升客户满意度，还可以带来成本效益的提高。通过优质的服务，企业可以减少客户的投诉和退货率，降低售后服务的成本，从而提高企业的盈利能力。此外，高品质的服务还可以提升客户的忠诚度，使其更愿意持续购买企业的产品或服务，进一步增加企业的销售额和利润。因此，提升服务质量不仅可以提升客户满意度，还可以带来成本效益的双重好处，为企业赢得竞争优势。

二、如何提升服务质量与客户满意度

（一）客户需求分析与理解

1. 市场调研的重要性

市场调研是了解客户需求的重要手段之一。企业可以通过市场调研收集到客户的相关信息，包括他们的需求、偏好、购买行为等。这些信息对于企业了解客户的需求和期望具有重要参考价值。市场调研可以采用多种方式，包括问卷调查、访谈、焦点小组讨论等，以获取全面和准确的数据。

2. 客户反馈的价值

客户反馈是了解客户需求的直接途径之一。通过收集客户反馈，企业可以了解客户对产品或服务的满意度、不满意度以及改进建议等。客户反馈可以通过多种渠道收集，包括电话调查、线上调查、邮件反馈等。企业应该及时回应客户反馈，并采取有效措施解决客户的问题，以提升服务质量和客户满意度。

3. 数据分析的应用

数据分析是了解客户需求的重要工具之一。通过分析客户数据，企业可以

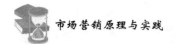

发现客户的行为模式、购买偏好等信息。基于数据分析的结果，企业可以针对性地调整产品或服务，以满足客户的需求和期望。数据分析可以采用多种技术和工具，包括数据挖掘、统计分析、机器学习等，以获取深入的客户洞察和洞察。

4. 全面的客户画像

综合利用市场调研、客户反馈和数据分析等手段，企业可以建立起客户的全面画像。这包括客户的基本信息、购买行为、偏好和需求等方面。通过建立客户画像，企业可以更好地了解客户，精准地把握他们的需求和期望，从而提升服务质量和客户满意度。

（二）培训与提升员工技能

1. 员工培训的目标和重要性

第一，培训的核心目标之一是提升员工的专业技能。不论是在生产制造行业、销售领域还是服务行业，员工的专业技能都直接关系到工作质量和效率。通过培训，员工可以学习和掌握行业内最新的技术、操作方法和工作流程，提高自身的工作能力和水平。

第二，培训还旨在提升员工的沟通能力。在与客户或同事的交流过程中，良好的沟通能力是至关重要的。通过培训，员工可以学习到有效的沟通技巧、表达能力和倾听技能，从而更好地理解客户需求、解决问题，提升服务效果和客户满意度。最重要的是，培训旨在提升员工的服务意识。服务意识是员工对于服务工作的理解和态度，是保证服务质量的关键因素之一。通过培训，员工可以深入了解企业的服务理念、品牌文化和客户价值观，树立起以客户为中心的服务理念，提升服务意识和责任感。员工培训的重要性在于，员工是企业服务的直接执行者，他们的专业水平和态度直接影响到客户的满意度和忠诚度。只有通过培训，员工才能够不断提升自身的能力和素质，适应市场和客户需求的变化，为客户提供更优质、更高效的服务。

2. 培训内容和方法

第一，员工培训的内容应该包括服务礼仪、问题解决技巧、客户关系管理等方面。服务礼仪是员工在与客户接触过程中必须遵循的行为规范，包括言谈举止、仪容仪表等方面的规范。通过培训，员工可以了解和掌握服务礼仪的基本要求，提升自身的形象和服务态度。问题解决技巧是员工在处理客户投诉和问题时必备的技能，包括倾听、沟通、分析和解决问题的能力。通过培训，员工可以学习到各种问题解决的方法和技巧，提高解决问题的效率和质量。客户关系管理是企业与客户之间建立和维护良好关系的关键，包括客户沟通、关怀和回访等方面的工作。通过培训，员工可以了解客户关系管理的重要性，学习建立和维护良好客户关系的方法和技巧，提升客户满意度和忠诚度。

第二，员工培训的方法可以采用多种形式进行，以确保培训的多样性和有效性。课堂培训是最常见的培训方式之一，通过专业讲师或内部培训师进行知识传授和技能培训，适用于基础知识和理论培训。现场演练是培训的重要环节之一，通过模拟真实工作场景进行角色扮演和实操训练，帮助员工将理论知识转化为实际操作能力。案例分析是培训的有效方法之一，通过分析真实案例和业务场景，让员工了解和掌握问题解决的方法和技巧，培养解决问题的能力和思维方式。除此之外，还可以采用讨论会、小组讨论、团队合作等形式进行培训，以促进员工之间的交流和学习。

3. 持续性培训的重要性

第一，持续性培训有助于员工保持竞争力。随着科技和行业的不断发展，知识和技能的更新换代速度日益加快。持续性培训能够帮助员工不断学习新知识、掌握新技能，与时俱进，保持在行业内的竞争力。例如，在技术领域，新的软件、工具和技术不断涌现，员工需要不断学习和掌握这些新技术，以保持自身的专业水平。

第二，持续性培训有助于员工适应市场变化和客户需求的变化。市场竞争日益激烈，客户的需求也在不断变化。只有通过持续性培训，员工才能及时了解市场和客户的最新情况，调整自己的工作方式和服务方式，以满足客户的需求，保持服务质量的持续提升。例如，在零售行业，消费者的购物习惯和偏好可能会随着时代的变化而变化，员工需要通过持续性培训来了解消费者的最新需求和趋势，调整销售策略和服务方式。最重要的是，持续性培训有助于企业保持竞争力和市场地位。在快速变化的市场环境下，只有不断提升员工的专业水平和服务意识，企业才能够适应市场变化，保持竞争力。通过持续性培训，企业可以不断提升员工的工作能力和素质，增强员工的忠诚度和责任感，提升服务质量和客户满意度，从而实现企业的长期发展目标。

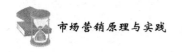

4. 激励与奖励机制

激励与奖励可以有效地激发员工的工作积极性和学习动力，促使他们积极参与培训和持续改进，从而提升服务质量和客户满意度。激励与奖励的形式多种多样，包括晋升、薪酬提升、荣誉称号等，具体方式可以根据企业的实际情况和员工的需求进行灵活设置。

首先，晋升是一种重要的激励与奖励方式。员工通过参与培训和提升服务质量，展现出优秀的工作表现和潜力，可以获得晋升的机会。晋升不仅可以提高员工的职位和地位，还可以激发其工作动力和学习热情，促使其持续改进和提升。

其次，薪酬提升也是一种常见的激励与奖励方式。员工通过参与培训和提升服务质量，带来了企业的价值和收益增长，可以获得相应的薪酬提升。薪酬提升不仅可以直接激励员工的积极性和工作热情，还可以增强员工的归属感和忠诚度，促使其持续提升工作业绩。

最后，荣誉称号也是一种重要的激励与奖励形式。企业可以根据员工的工作表现和贡献，授予其荣誉称号，如"优秀员工""服务之星"等。荣誉称号既可以肯定员工的优秀表现，还可以激励其他员工向优秀员工学习，促进团队的共同进步和发展。

（三）设立服务标准和流程

1. 服务标准的制定

服务标准的制定应该是一个全面考量市场需求、客户期望以及企业自身实际情况的过程。

首先，服务标准应该包括明确的服务准则，即服务行为的规范和指引。这些准则可以包括对服务态度、沟通方式、解决问题的方法等方面的规范，以确保员工在服务过程中能够遵循统一的标准，提供一致的服务体验。

其次，服务标准还应该包括对服务质量的明确要求。这些要求可以涵盖产品或服务的质量标准、交付时间、售后服务等方面，以确保客户能够获得高质量的产品或服务，并在需要时得到及时的支持和帮助。

最后，服务标准还应该包括企业对客户的服务承诺。这些承诺可以是企业对客户的保证和承诺，如产品质量保证、服务满意保证、售后服务承诺等，以增强客户对企业的信任和忠诚度。

2.服务流程的规范化

规范化的服务流程是企业提高服务质量和效率的重要手段之一，其重要性在于能够确保服务的执行效率和质量，从而提升客户满意度和忠诚度。服务流程涵盖了从客户接待、问题处理到售后服务等各个环节，其设计和优化应该充分考虑客户需求和企业实际情况，以确保服务流程的贴合度和实用性。

首先，规范化的服务流程需要根据客户的需求和期望进行设计。这意味着企业应该充分了解客户的需求和期望，将客户放在服务流程设计的核心位置，确保服务流程能够满足客户的需求和期望。

其次，规范化的服务流程需要考虑企业自身的实际情况。这包括企业的组织架构、人员配置、技术设备等方面，需要根据企业的实际情况进行灵活调整和优化，以确保服务流程的可行性和有效性。

最后，规范化的服务流程可以通过制定标准操作程序（SOP）、流程图等方式进行规范化和传达。制定 SOP 可以帮助员工清晰地了解工作流程和操作规范，提高工作效率和质量。同时，通过绘制流程图，可以直观地展现服务流程的各个环节和关键节点，帮助员工更好地理解和执行服务流程。

3.服务监控与评估

建立服务监控与评估机制是企业保障服务质量和持续改进的重要手段，对于提升客户满意度和增强市场竞争力具有至关重要的作用。通过定期对服务进行监控和评估，企业可以全面了解服务质量的情况，发现存在的问题和不足之处，并及时采取改进措施，以持续提升服务质量和客户满意度。

服务监控与评估可以采用多种方式进行，其中包括客户满意度调查、投诉处理情况分析、服务质量抽检等。

首先，客户满意度调查是评估服务质量的重要手段之一。通过定期开展客户满意度调查，企业可以了解客户对服务的满意程度，及时发现客户的需求和期望，以便进行针对性地改进和优化。

其次，投诉处理情况分析也是服务监控与评估的重要内容之一。企业可以通过分析客户投诉的类型、数量、原因等信息，及时发现服务存在的问题和不足，并采取相应的改进措施，以提升服务质量和客户满意度。

最后，服务质量抽检是服务监控与评估的另一重要方式。企业可以随机抽取

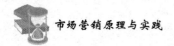

一定数量的服务样本进行质量抽检，评估服务执行的质量和效果，及时发现问题并采取改进措施，以确保服务的执行效果和质量。

除了以上方法外，企业还可以结合实际情况，开展其他形式的服务监控与评估。例如，可以建立客户反馈渠道，鼓励客户提供意见和建议；可以开展服务质量内部审计，评估服务执行的符合度和效果；可以借助先进的技术手段，如大数据分析、人工智能等，对服务质量进行实时监控和分析。

第四章

渠道与物流管理

第一节 渠道规划与管理

一、渠道规划的理论

（一）渠道类型结构

1. 渠道层级与类型

在分销渠道中，根据中间商的层级和参与程度可以将其分为不同的类型。这些类型包括直销、一级渠道、二级渠道和三级渠道。

（1）直销（零级渠道）

直销是指生产主体直接将产品与服务售出至终端用户的销售模式。在直销模式中，没有中间商参与转手，产品直接由生产商销售给终端用户。这种模式常见于重型设备、专业化工具以及需要提供专业服务的商品销售中。随着科技的发展，直销模式也在普通消费品领域得到应用，如电商销售、电话销售等。

（2）一级渠道

一级渠道包括一个层级的中间商。对于普通消费品，一级渠道通常是直接面向终端用户的零售商；而对于工业品，则是面向终端客户的经销商。

（3）二级渠道

二级渠道包括两个层级的中间商。对于消费产品而言，这种渠道涉及两个主体，即批发商和零售商；而对于工业品，这包括批发商和经销商。

（4）三级渠道

三级渠道引入了中介组织，包括更多层级的中间商。在这种模式下，消费品可能需要引入多个分销机构，但这些分销单位通常不会成为大型批发商的服务对象。因此，需要一个专业经销商来服务数量丰富的零售商。

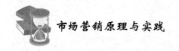

2. 渠道类型衍生概念

根据渠道的层级结构和中间商的参与程度，可以衍生出直接渠道和间接渠道的概念。

（1）直接渠道

直接渠道是指生产主体直接将产品与服务售给终端用户的销售模式，没有中间主体参与转手。直销即为直接渠道的一种形式，属于零级渠道。

（2）间接渠道

间接渠道是指在销售过程中增添了其他中间主体的销售模式。除了直销外的其他渠道类型均可称为间接渠道。一级、二级和三级渠道都属于间接渠道的范畴。

（二）渠道规划类型

营销渠道模式是指生产厂商完成销售通路的方式，企业对渠道结构的设置合理性将对企业日常经营发展起到至关重要的作用。公司对渠道的遴选，需要综合两个层面的要素。一是产品及行业的特征，二是行业地位与品牌知名度。为此，该生产主体通过对渠道进行遴选后，常常会选用多种战略。通常渠道模式可以进一步细分成以下几种类型。

1. 松散型渠道模式

这种分销渠道构成包括消费、零售、批发、生产等主体，整体系统结构具有显著松散关系，而且相应渠道的不同成员都具有独立属性，他们之间不能形成统一的关系，都各自为了自身利益进行相应竞争，即便是对渠道系统利益进行牺牲，也不会感到可惜。在这种渠道模式中，其中任何成员都不能对其他主体进行控制，随着社会的发展，这种松散型渠道的竞争效应消除下降，有逐步淘汰的风险。

2. 垂直型渠道模式

该渠道中的主体包括零售、批发、生产主体，其中成员通常隶属于同一家机构，或者是引入专卖特许权，或者是其中主体让其他成员能够进行合作，可以对相关成员主体进行很好调控，有效地消除相关冲突。美国这类垂直渠道系统已经转变成为消费品市场的关键力量，其中服务也对该国市场的七至八成进行了覆盖。通常这种模式又可以细分成以下几种：第一，公司式。具体就是由公司对诸多工厂、零售、批发主体的业务进行综合经营，这种方式又可以细分成由公司直接精心管理，运用工商一体化模式来进行经营；另外就是由大型零售公司来进行统一管理，并引入工商一体化模式。第二，管理方式。具体就是借助于渠道有实力主体来对具体产销路径进行综合协调，譬如一些品牌产品，如宝洁、吉利等，就是借助于自身的管理优势，对零售、批发等主体的经营业务、政策进行统一协调，使得相关的行动具有一致性。第三，合同式。具体就是层次具有差异性的中间商与生产主体，借助于合同打造联合系统，譬如引入零售合作社、自营连锁店等。

3. 水平型渠道模式

超过两家（含）的企业进行水平联合，打造水平模式渠道系统，从而获取更多的新营销机会。部分公司因为自身资源、资本、技术等方面存在着局限性，很难进行独立市场开放，或者会面临更多的风险，或者是通过水平联合能够产生更多的协同效益，为此，这些公司主体相互联合，从而完成相应渠道的建设。不过这种建设通常具有暂时性，当然，也能创造新公司，使之具有固定性。

4. 复合型渠道模式

具体就是基于差异性细分市场，借助于多渠道分销系统。其中该系统存在着两大类型：第一，制造商利用两条及其以上的渠道，对相同商标的产品进行销售。另外，就是生产主体借助于不同分销渠道，对外售出差异系商品，而且这些商品在商标上具有一定不同。此外部分公司针对相同产品，在服务与方式层面给予多元化，从而为不同需求的用户提供更好的服务。这种渠道模式可以为生产主体提供不同利益：产品覆盖范围显著扩大、渠道经营成本明显降低、客户要求得到更好满足。然而，这也容易引发渠道矛盾，使得渠道管控面临更大的难题。

二、渠道规划的基本原则

在进行渠道规划时，企业应该遵循一些基本原则，以确保渠道的有效性和可持续性。

（一）根据产品特性和市场需求确定渠道规划原则

在确定渠道规划原则时，企业应该充分考虑产品的特性和市场需求，以确保选择的销售渠道与产品的属性和客户群体的需求相匹配。不同的产品具有不同的

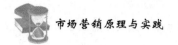

特性和销售模式，因此需要采取相应的渠道规划原则。

企业需要对产品的性质进行全面地分析。消费品通常具有标准化、大众化的特点，广泛应用于日常生活，因此更适合通过零售商进行销售。这样的销售渠道可以将产品直接面向消费者，满足他们的零售需求，并提供方便的购买体验。举例而言，食品、服装、日用品等消费品常常通过零售商销售，因为消费者可以在超市、百货商店等零售场所方便地购买到这些产品。相反，工业品具有专业化、定制化的特点，通常需要更多的专业知识和技术支持，因此更适合通过经销商或代理商进行销售。这样的销售渠道可以提供更专业的技术支持和售后服务，满足工业客户的特殊需求。例如，机械设备、工程材料、专业仪器等工业品通常通过经销商或代理商销售，因为这些产品需要针对客户需求进行定制和配置，而经销商或代理商可以提供专业的技术支持和服务，确保产品的使用效果。

除了产品特性外，企业还需要考虑目标客户群体的需求和购买行为。不同的客户群体对产品的需求和购买习惯有所不同，因此需要选择适合的销售渠道来满足他们的需求。例如，年轻人可能更喜欢线上购物，因此消费品企业可以选择通过电商平台进行销售；而工程师或专业用户可能更倾向于通过经销商或代理商购买专业设备或工具，因为他们需要更多的技术支持和咨询服务。

（二）考虑成本效益、覆盖范围和市场定位等因素

在安排定位销售渠道时，企业必须综合考虑多个因素，其中包括成本效益、覆盖范围和市场定位等因素。这些因素相互交织，共同影响着渠道规划的选择和实施。

第一，成本效益是渠道规划的重要考量因素之一。企业需要评估不同渠道模式的成本，并与预期的销售收入相比较，以确保所选渠道模式能够实现良好的成本效益。这涉及销售成本、分销成本、运输成本以及售后服务成本等方面的综合考虑。通过细致的成本分析，企业可以选择最经济和有效的渠道模式，实现销售成本的最小化和利润的最大化。

第二，覆盖范围是另一个重要的考虑因素。企业需要确保所选择的渠道模式能够覆盖目标市场的主要区域和客户群体，以确保产品能够顺利地推向市场并满足客户的需求。这涉及渠道的地理覆盖范围、销售网络的密度以及产品的供应能力等方面的考虑。通过合理的覆盖范围设计，企业可以扩大市场份额，提升销售

业绩。

　　第三，市场定位也是渠道规划的重要考虑因素之一。渠道规划必须与企业的市场定位相一致，以确保所选择的渠道模式能够满足目标市场的需求和期望。企业需要考虑自身的产品定位、品牌形象以及目标客户群体的特征和行为习惯，以确定最适合的渠道模式。通过与市场定位相匹配的渠道规划，企业可以提升品牌认知度，增强市场竞争力。

（三）注重渠道的灵活性和可调节性

　　随着市场环境和竞争态势的不断变化，企业在进行渠道规划时必须注重渠道的灵活性和可调节性。这种灵活性和可调节性是企业适应市场变化、应对竞争挑战、实现长期发展的关键。

　　第一，渠道规划应该具有灵活的合作关系。这意味着企业需要建立多元化的渠道合作关系，包括与经销商、代理商、零售商以及电商平台等多种渠道成员的合作关系。通过与不同渠道成员建立合作关系，企业可以灵活地调整渠道结构，根据市场需求和竞争态势进行合作伙伴的选择和调整，从而提升渠道的适应性和灵活性。

　　第二，渠道规划需要灵活调整销售策略。企业应该根据市场变化和客户需求的变化，灵活调整销售策略，包括定价策略、促销策略、产品组合策略等。通过灵活的销售策略，企业可以及时应对市场竞争和客户需求的变化，提升销售业绩和市场份额。

　　第三，渠道规划还需要优化供应链管理。供应链管理的优化可以提高渠道的响应速度和灵活性，从而更好地适应市场变化和客户需求的变化。企业可以通过采用先进的供应链管理技术和工具，建立高效的供应链网络，提升供应链的透明度和灵活性，以满足市场的需求。

三、渠道规划的方法与工具

　　企业在实际操作中，可以采用一些方法和工具来指导渠道规划的决策和实施。

（一）渠道成本分析

1. 不同渠道模式的成本比较

不同的渠道模式具有不同的成本结构和费用分配。

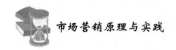

首先，直销模式通常涉及销售成本、推广费用和售后服务成本等。这种模式下，企业需要直接面对客户，承担较高的销售和推广成本，但可以节省中间商的分销费用。

其次，代理商模式涉及代理费用、市场推广费用和渠道管理费用等。虽然代理商模式可以减少企业的直接销售成本，但代理费用和管理成本可能较高。

最后，经销商模式包括采购成本、库存成本和分销成本等。虽然经销商模式可以将产品分销到更广泛的市场，但企业需要承担更多的库存成本和分销成本。

2. 成本效益评估

企业必须对各种渠道模式的成本效益进行全面评估，以确定最合适的渠道模式。这种评估应该综合考虑各种成本和收益因素，包括销售额、利润率、市场份额等指标。例如，直销模式可能会带来较高的销售额和利润率，但需要承担较高的推广费用和售后服务成本；代理商模式可以降低企业的销售和推广成本，但可能会影响企业对市场的直接控制能力；经销商模式可以拓展企业的市场覆盖范围，但需要承担较高的库存成本和分销成本。因此，企业必须根据自身的市场定位、产品特性和资源情况，综合考虑各种因素，选择最优的渠道模式，实现成本最小化和利润最大化的目标。

（二）市场划分和定位分析

1. 市场细分与需求分析

在市场划分阶段，企业首先需要将整个市场划分为若干个相对独立的细分市场。这可以通过对市场进行调查和分析来实现，包括收集和整理市场数据、了解消费者的偏好和行为等。市场细分的目的是识别出具有共同需求和特征的群体，以便企业可以更好地满足这些群体的需求，并制定针对性的营销策略。通过对每个细分市场的需求进行分析，企业可以了解不同市场细分领域的特点和优势，从而为渠道规划提供指导。

2. 定位策略制定

在了解了市场的细分和需求之后，企业需要制定相应的定位策略，以确保渠道规划与市场需求相匹配。定位策略可以包括差异化定位、专注定位、价值定位等方面的策略制定。差异化定位是指企业通过产品特色或服务差异来满足不同市场细分领域的需求，从而赢得竞争优势。专注定位是指企业选择在某个市场细分领域进行专注经营，集中资源进行市场占领。价值定位是指企业通过提供高品质产品或服务来创造价值，并在市场上树立良好的品牌形象。通过制定适合的定位策略，企业可以更好地定位自身在市场中的位置，提高市场竞争力，为渠道规划提供方向性指导。

（三）渠道效能评估

1. 销售额和市场覆盖率监测分析

定期对渠道的销售额和市场覆盖率进行监测和分析是评估渠道效能的重要手段之一。通过分析销售额的数据，企业可以了解渠道的销售情况、销售趋势以及销售绩效表现，从而评估渠道的营销效果和经济效益。同时，监测市场覆盖率可以帮助企业了解渠道的市场渗透程度和影响范围，从而确定渠道的市场覆盖能力和影响力。基于销售额和市场覆盖率的监测分析，企业可以及时发现渠道存在的问题和不足之处，并采取相应的改进措施，以提升渠道的运营效能和市场竞争力。

2. 客户满意度调查和反馈分析

通过客户满意度调查和反馈分析，企业可以了解客户对渠道服务的满意度和意见反馈，从而评估渠道的服务质量和客户体验。客户满意度调查可以通过问卷调查、电话访谈、线上反馈等方式进行，收集客户的意见和建议后进行综合评估分析。企业可以根据客户的反馈结果，分析客户对渠道服务的满意程度、存在的问题和改进建议，从而及时调整和优化渠道服务，提升客户满意度和忠诚度。通过客户满意度调查和反馈分析，企业可以不断改进渠道服务，满足客户的需求，增强客户黏性和忠诚度，提升渠道的效能和竞争优势。

第二节　渠道成员选择与关系管理

一、渠道成员的选择

（一）渠道成员的选择标准

中间商的选择是否得当，直接关系到生产企业进行市场营销的效果。因此，确定渠道成员的选择标准是十分必要的。选择渠道成员的标准主要有以下几个

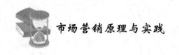

方面。

1. 中间商的市场范围选择

中间商最关键的因素在于市场。首先要分析先前选择的目标中间商的经营范围所包括的地区与产品销售计划中的地区是否一致。其次，生产企业所希望的潜在顾客是否包括在中间商的销售范围内。

2. 中间商的产品知识选择

对产品销售有专门经验和知识的中间商能很快地打开销路。因此，生产企业应根据产品的特征选择有经验的中间商。

3. 中间商的地理区位优势选择

零售中间商最理想的区位应该是顾客流量较大的地点；而对于大量批发中间商的选择则要考虑其所处的位置是否利于公司产品的批量储存与运输，通常以交通枢纽中心为佳。

4. 中间商的产品政策选择

中间商时，一要看他有多少产品供应的来源，二要看各种经销产品的组合关系，同时还要分清其产品是竞争产品还是促销产品。一般应尽可能避免选用经销竞争产品的中间商。

5. 中间商的财务状况及管理水平

中间商的财务状况及管理水平主要体现在中间商能否按时结算，包括在必要时预付货款，这又取决于其财力的大小。整个企业销售管理是否规范、高效，关系到中间商营销的成败，更与生产企业的营销密切相关。

6. 中间商的促销政策和技术

要考虑中间商是否有能力并且愿意承担一定的促销费用，以及有没有必要的物质保障、相应的人才和技术基础。选择中间商前必须对其所能完成某种产品销售而采取的市场营销政策和技术的现实可行程度做全面的分析评价。

7. 预期合作程度

有些中间商希望生产企业也参与促销，扩大市场需求，并相信这样会获得更高的利润。生产企业则应根据产品自身销售的需要确定与中间商合作的具体方式，然后再选择最理想的合作中间商。

8. 中间商的综合服务能力选择

中间商要看其综合服务能力如何。合适的中间商所能提供的综合服务项目和服务能力应与企业产品销售所需要的服务要求相一致。

（二）渠道成员选择的途径

在实践中，公司通常通过现有的现场销售人员来识别和招募潜在的渠道成员。此外，公司还可以发动内部人力资源的关系网络来获得潜在的渠道成员，但这种信息必须经过更详细的调查和分析才可以利用。对于那些新创立的企业，寻找可能的合作伙伴，就是一项必须做的工作。一般来说，寻找渠道成员时，搜寻的范围越大越好。搜寻的范围越大，找到合适渠道成员的机会就越大。企业寻找渠道成员的途径，还可以通过以下几种方式寻找合适的渠道成员。

1. 工具书

包括当地的电话号簿、工商企业名录、地图册、手册、消费指南、专业杂志等，尤其是电话号簿。

2. 媒体广告

到达一个新的市场，先买几份当地的报纸，看看当地电视，听听广播或到街上走走，或许就能发现同类产品的经销商的名称。

3. 专业性的批发市场

许多城市小商品市场或日用品批发市场，经常会看到经销商门口或是店里面有各式各样的招牌。大部分经销商为了扩大自己的知名度，会要求厂家给他们制作类似的招牌、条幅等。

4. 广告公司咨询

广告公司咨询是一种获取关于当地经销商信息的有效途径。当地的广告公司通常对本地的媒体和市场情况有着深入的了解，他们是市场营销领域的专业人士，对于市场动态、竞争情况以及潜在的渠道合作伙伴具有较为全面的了解。

5. 刊登招商广告

这是一种费用较高但见效较快的方式，通过刊登招商广告，可以吸引潜在的合作伙伴，同时也能够全面了解到市场上的经销商情况。

6. 举办产品展示会、订货会

举办产品展示会或订货会是一种有效的渠道招商方式，能够为生产企业吸引专业性的经销商，树立公司品牌形象，同时吸引合适的渠道成员。这些活动通常由生产企业主办，旨在向潜在的渠道合作伙伴展示其产品、服务和品牌，从而促

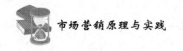

进销售和业务发展。

7. 网上查询

通过访问专业网站，渠道管理人员可以搜寻到某一行业中很多同一类型或不同类型的企业。通过这些网站，企业可以找到很多未来可能的合作伙伴，而且几乎不需要什么投入。

8. 顾客和中间商咨询

生产商可以通过正式或非正式的调查，了解顾客在中间商所处的区域内对不同中间商的看法，以便确定哪些中间商可以成为企业未来的合作伙伴。另外，通过咨询现有中间商或让现有中间商推荐，企业也可能找到新的合作伙伴。

（三）渠道成员的保持

保持渠道成员的稳定是企业在选择渠道成员后的重要任务之一，这需要生产制造商采取一系列策略和措施，以便建立起良好的合作关系，并激励渠道成员持续为企业服务和推广产品。以下是几个关键方面，生产制造商可以在这些方面展开工作：

1. 产品质量和利润潜力

生产制造商应确保其产品具有良好的质量和性能，以满足消费者的需求和期望。优质的产品不仅可以提升渠道成员的信任度，还能增加他们的销售额和利润。此外，生产制造商还可以提供有吸引力的利润激励措施，激励渠道成员积极推广产品，并与其分享销售利润。

2. 广告和促销支持

生产制造商可以向渠道成员提供广告和促销支持，帮助他们提升产品的知名度和市场影响力。这包括提供广告素材、策划促销活动、组织市场推广活动等。通过与渠道成员合作开展各种促销活动，生产制造商可以共同扩大产品销售，并提升品牌认知度。

3. 管理援助

生产制造商可以为渠道成员提供管理援助，帮助他们提升运营效率和管理水平。这包括提供培训和指导，帮助渠道成员改善库存管理、销售技巧、客户服务等方面的能力。通过提供管理援助，生产制造商可以帮助渠道成员解决经营中的问题，增强他们的竞争力和忠诚度。

二、渠道成员激励

在营销实践中，制造商大多同时采用两种或两种以上的激励方式配合使用，这样可以根据制造商设计的渠道激励目标组合成各种各样的激励方案以达到最佳效果。

（一）直接激励

所谓直接激励，是指通过给予渠道成员物质或金钱的奖励来激发其积极性，从而实现公司的销售目标。

1. 品牌及产品激励

在某种程度上，渠道运营效率的高低取决于消费者对品牌的认可程度，因为企业可采取"拉"的策略加强对中间商的议价能力，同时也减少了中间商的很多工作。因此，制造商通过向中间商提供具备较高品牌价值的、适销对路的产品，可以形成对中间商较大的吸引力和激励效果。

2. 对中间商返利

中间商销量做得越大，返利比率就越高。这种销量返利政策的目的在于鼓励中间商尽可能多地销售本企业产品，较大限度地提升中间商的销售积极性。过程返利政策则是依据渠道激励的全面性原则，根据企业所处的不同阶段对中间商在营销过程中的管理及投入进行综合评定来确定返利标准。过程返利既可以提高中间商的利润，从而扩大销售，又能防止中间商的不规范运作，有助于渠道的长久发展。

3. 利润分成

制造商在所获取的利润中提取一定的比例分配给中间商，既是对中间商努力工作的酬劳与奖励，也体现了"利益共享"的渠道激励思想。

4. 放宽信用条件

许多中间商的资金实力都非常有限，他们对付款条件也会较为关注。因此，企业应针对此类渠道成员的特定需要，通过对其诚信度的调查，适当地放宽付款方式的限制，甚至可在安全范围内为其提供信用贷款，帮助其克服资金困难，如此也能达到较好的激励效果。

5. 各种补贴

针对中间商在市场推广过程中所付出的种种努力，应带有奖励性质地对其中

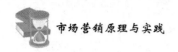

一些活动加以补贴，这样既能够扩大产品的市场推广力度，也能提升渠道成员的工作积极性。

（二）间接激励

所谓间接激励，是指通过帮助渠道成员进行销售管理，以提高销售的效率和效果来激发渠道成员的积极性和销售热情的一种激励手段。

1. 帮助中间商管理库存

在通常的供应链中为了消除"牛鞭效应"的不利影响，常用的方法就是在供应链内部集中顾客的需求信息，即提高供应链每一阶段有关顾客需求信息的准确度。生产商建议经销商提供详细的销售数据，由生产商在做详尽预测的基础上帮助经销商管理库存。这种方式在很大程度上改善了渠道管理的效率，提高了经销商对生产商的忠诚度。

2. 帮助零售商进行零售终端管理

生产商应通过很多方式帮助分销商做好包括铺货和商品陈列等在内的终端管理工作，主要做法有：制定更完善的覆盖区域划分、向分销商派驻厂商代表协助销售、协助培训分销商销售人员、招聘专职市场覆盖人员并负责对其工资奖金的发放、为分销商提供覆盖服务费、确立回款返利的回款激励系统、协助分销商提高物流管理水平并推行数字化管理等。

3. 对中间商进行培训

一些大型制造商经常采用向中间商提供培训人员、商业咨询服务来加大对中间商的支持力度，从而有效地掌控渠道。

4. 共同进行广告宣传

当某一产品进入一个新市场的时候，它通常不为消费者所知晓，中间商一般不愿意经营这种产品，除非生产商提供强有力的广告宣传，与中间商合作，共同承担广告费用。这样既可减轻中间商的经济负担，又可减少生产商的销售阻力。

5. 提供市场情报

生产商有必要定期或不定期地跟经销商进行座谈，共同研究市场动向，制定切合实际的销售措施；生产商还可将自己的生产状况、今后的发展计划以及即将开发的新产品等信息传递给经销商，为经销商合理安排销售计划提供依据。

6. 提升经销商的地位

对中间商仅进行物质激励是不够的，对他们进行非物质方面的激励也是必要的。制造商可以通过激励支持让渠道成员有一种归属感、成就感。可以对经销商进行综合的评价，选出业绩较好者，对其地位进行提升。

7. 加强渠道成员的参与

将渠道成员间单纯的产品供销合作拓展到共同进行产品的研发与改进、市场开发与推广、售后服务活动等领域，以进一步扩大产品品牌的知名度。以全面合作为基础，不仅加强了渠道成员间的沟通与感情，维持了较好的渠道稳定性，同时不断提升的品牌效应也可使渠道成员长期受益，成为对其最好的激励。

第三节　物流管理与供应链管理

一、物流管理对企业的影响

（一）降低运营成本

1. 优化运输路线

在实践中，企业可以通过多种方法来实现运输路线的优化，以达到降低运输成本、提高运输效率的目的。

首先，企业可以通过合理规划运输路线来降低运输成本。合理规划运输路线需要考虑货物的起点和目的地、运输距离、货物类型等因素。企业可以通过优化运输路线，选择最短的路线、避开拥堵路段，减少运输距离和时间，从而降低运输成本。例如，利用物流规划软件进行路线规划和优化，可以帮助企业找到最经济的运输路线，减少运输成本。

其次，企业可以选择最佳的运输方式来降低运输成本。不同类型的货物和运输需求适合不同的运输方式，企业可以根据实际情况选择最适合的运输方式。例如，对于长距离运输和大批量货物，可以选择铁路运输或水路运输，以降低成本和提高效率；对于短距离运输和小批量货物，可以选择公路运输或空运，以提高灵活性和快速性。

最后，企业还可以采用多式联运的方式来降低运输成本。多式联运是指在运输过程中结合不同的运输方式，充分利用各种运输方式的优势，降低整体运输成本。例如，将铁路运输和公路运输相结合，可以实现长途运输和末端配送的无缝衔接，提高运输效率和降低成本。此外，选择集装箱运输也是降低运输成本的有效策略之一。集装箱运输具有装载效率高、装卸便捷、运输损耗小等优点，可以降低装卸时间和成本，提高运输效率。企业可以通过与集装箱运输公司合作，利用集装箱运输的优势，降低运输成本，提高运输效率。

2. 提高运输效率

提高运输效率是物流管理中的关键目标之一，对于企业来说具有重要意义。通过采用先进的物流技术和有效的管理策略，企业可以实现运输过程中的各个环节的优化，从而提高整体的运输效率。

一种提高运输效率的方法是利用先进的物流信息系统和智能调度技术。物流信息系统可以实现对运输过程的实时监控和管理，帮助企业迅速掌握货物的位置和状态，及时发现问题并进行调整。智能调度技术则可以根据实时的运输需求和路况情况，合理安排车辆和货物的运输路线，减少等待和拥堵时间，提高运输效率。例如，通过 GPS 技术和智能路线规划算法，可以实现货物的快速运输和准时送达，降低运输成本。另外，优化货物配载和运输计划也是提高运输效率的重要手段之一。合理安排货物的装载顺序和货车的配载比例，可以最大限度地利用运输工具的载货空间，减少空载率，提高运输效率。同时，通过精准的运输计划和调度安排，可以避免货物滞留和延误，确保货物能够按时到达目的地，进一步提高运输效率。此外，企业还可以通过采用先进的运输工具和设备来提高运输效率。例如，采用高速高效的运输工具，如高铁、飞机等，可以缩短运输时间，提高运输速度；同时，引入自动化装卸设备和智能物流设备，可以实现货物的快速装卸和处理，进一步提高运输效率。

3. 优化仓储管理

通过采用先进的技术和科学的管理方法，企业可以实现仓储活动的精准控制和高效运作，从而提高仓储效率，减少人力和资源的浪费，降低运营成本。

首先，企业可以采用先进的仓储管理系统和自动化仓储设备。仓储管理系统可以实现对仓库内货物的实时监控和管理，包括货物的入库、出库、库存量等信息的记录和查询，提高了仓储活动的信息化水平和管理效率。同时，自动化仓储设备，如自动化立体仓库、自动化输送系统等，可以实现货物的自动化存储、装卸和搬运，减少了人力成本和运营周期，提高了仓储效率。

其次，合理规划仓库布局和优化存储方式也是优化仓储管理的重要手段。通过科学的仓库布局设计，合理利用仓库空间，最大限度地提高存储密度，减少库房占地面积，降低了租赁和维护成本。同时，优化存储方式和货物分类，如采用ABC分类法、先进先出（FIFO）等原则，可以提高货物的存取效率，减少货物损耗和报废，进一步降低了仓储成本。

最后，仓储管理中的作业流程优化也是提高仓储效率的关键。通过优化作业流程，合理安排作业顺序和作业人员的分工，提高了作业效率和精确度，减少了作业时间和成本。例如，采用波次拣选技术和分区分段管理方法，可以提高拣选速度和准确度，降低人力成本和错误率。

（二）提高库存周转率

1.精准控制库存

精准控制库存是企业物流管理中至关重要的一环。通过采用先进的库存管理系统，企业可以实时监控库存水平，并根据市场需求进行库存量的调整，以避免出现过多的库存积压和过期库存的情况。这种精准控制的方法，不仅有助于降低库存持有成本，还能提高库存周转率，从而提高企业的运营效率和竞争力。

在实施精准控制库存的过程中，一项关键的举措是采用先进的库存管理系统。这种系统能够实现对库存的实时监控和管理，包括库存水平、货物流向、库龄等方面的信息记录和查询。通过库存管理系统，企业可以清晰地了解库存情况，及时发现问题，并做出相应的调整，以确保库存水平处于合理范围内。

另外，精准控制库存还需要依靠准确的需求预测和库存规划。通过对市场需求进行分析和预测，企业可以合理确定库存目标，避免因需求波动而造成的库存积压或短缺。同时，结合销售预测和生产计划，企业可以制定科学的库存规划，确保库存与销售需求之间的平衡，实现库存的有效利用。

精准控制库存不仅有助于降低库存持有成本，还可以提高库存周转率。通过及时调整库存水平，企业可以更加灵活地应对市场需求的变化，减少库存积压的风险，提高库存周转率，释放资金，提升企业的资金利用效率。

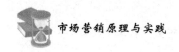

2. 及时配送和库存管理

及时配送和库存管理是优化库存周转率的重要策略之一。通过建立高效的物流配送网络和快速响应机制，企业可以确保产品能够及时送达客户，从而减少库存滞留时间，提高库存周转率。同时，优化库存管理流程，采用先进的仓储设备和管理技术，也可以有效提高库存周转率。

首先，建立高效的物流配送网络是确保及时配送的关键。企业可以通过合理规划配送路线、选择合适的运输方式和配送服务提供商，以最快的速度将产品送达客户手中。例如，采用智能路线规划和动态调度技术，实现配送路线的优化和实时调整，减少配送时间和成本，提高配送效率。

其次，快速响应机制也是保障及时配送的重要手段。企业需要建立敏捷的供应链体系，能够迅速响应市场需求变化，并及时调整生产和配送计划，确保产品能够按时交付客户。通过信息化技术和实时数据监控，企业可以及时获取市场信息，做出及时反应，提高配送的灵活性和响应速度。

最后，优化库存管理流程也是提高库存周转率的重要途径。采用先进的仓储设备和管理技术，可以提高库存的存储效率和管理精度，减少库存停留时间。例如，采用自动化仓储系统和智能货架管理系统，可以实现货物的快速存储和取货，减少人为操作时间，提高仓库作业效率，从而降低库存滞留时间，提高库存周转率。

3. 优化供应链协同

通过与供应链伙伴的密切合作和信息共享，企业可以实现供应链各环节的协同，加速产品的流通速度，从而有效提高库存周转率。建立良好的供应链合作关系，与供应商和分销商之间建立及时的沟通和协调机制，是实现供应链协同的重要途径之一。

首先，建立良好的供应链合作关系至关重要。企业应与供应链伙伴建立长期稳定的合作关系，建立互信、互利的合作机制。通过与供应商和分销商之间建立紧密的合作伙伴关系，可以实现信息共享、风险共担和利益共享，促进供应链各环节的协同作业。

其次，加强供应链伙伴之间的沟通和协调也是优化供应链协同的重要手段。企业应建立及时、高效的沟通渠道，与供应商和分销商之间保持密切的联系，及时了解市场需求和产品供应情况。通过定期会议、电话沟通、电子邮件等方式，及时交流信息、解决问题，促进供应链各环节之间的协同配合。

最后，利用信息技术也是提高供应链协同效率的关键。企业可以借助供应链管理软件和物流信息系统，实现供应链信息的实时监控和数据共享，提高信息的透明度和准确性。通过信息化技术，可以实现供应链各环节的无缝连接和协同作业，从而加速产品的流通速度，提高库存周转率。

（三）缩短交货周期

1. 建立高效供应链网络

建立高效的供应链网络是缩短交货周期的关键。企业可以通过建立紧密的供应链合作关系，确保供应商、生产商和分销商之间的信息畅通和资源共享。采用先进的物流配送系统和快速物流通道，如高速公路、铁路、航空运输等，可以实现产品快速从生产地到达客户手中，从而缩短交货周期。

2. 优化订单处理流程

企业可以通过加强信息化管理和自动化技术应用，提高订单处理效率。利用物流信息系统和电子商务平台，实现订单的线上提交、自动处理和实时跟踪，可以大幅缩短订单处理周期，从而加快产品交付速度。

3. 加强供需协调

企业需要与供应商和分销商建立良好的沟通和合作机制，及时了解市场需求和产品供应情况。通过共享信息和资源，加强供需双方之间的合作与协调，可以有效地降低订单交付时间，提高交货速度。此外，建立供应链的灵活性和响应机制，根据市场需求和客户反馈及时调整生产和配送计划，也是缩短交货周期的重要手段之一。

二、供应链管理的关键环节与策略

（一）供应商选择

1. 供应商评估体系的建立

为了有效地评估供应商，企业需要建立一个完善的供应商评估体系，以确保选择的供应商能够满足企业的需求并与企业保持良好的合作关系。这个评估体系应该是综合性的，包括多个方面的指标，如产品质量、供货能力、交货准时率、

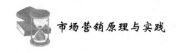

价格竞争力、供应稳定性等。

首先，产品质量是评估供应商的重要指标之一。企业需要考察供应商提供的产品是否符合企业的质量标准和客户的要求，是否经过了合格的质量认证，以及产品在使用过程中是否容易出现质量问题。

其次，供货能力是供应商评估的另一个重要指标。企业需要评估供应商的生产能力和供货能力是否能够满足企业的需求，包括供应商的生产规模、生产设备、原材料供应等方面的情况。交货准时率也是评估供应商的关键指标之一。企业需要评估供应商交货的及时性和准确性，以确保企业的生产计划能够顺利执行，避免因供应商交货延误而导致的生产线停滞或客户订单延误。价格竞争力是评估供应商的另一个重要考量因素。企业需要评估供应商的价格水平是否合理，是否能够与市场上的其他竞争对手相匹配，以确保企业在采购过程中能够获得最优的价格。

最后，供应稳定性也是供应商评估的重要指标之一。企业需要评估供应商的供应链稳定性和可靠性，以确保供应链不会因为供应商的问题而出现中断或延误，从而影响到企业的生产和销售。

2. 产品质量评估

产品质量评估在选择供应商时具有至关重要的地位，因为产品质量直接影响到企业的声誉、客户满意度以及产品的市场竞争力。为了确保选择的供应商能够提供高质量的产品，企业需要进行详细的产品质量评估，考察多个方面的因素。

首先，外观是产品质量评估的一个重要指标。产品的外观质量直接影响到消费者的第一印象，因此企业需要对供应商提供的样品进行仔细的外观检查，包括产品的整体外观、表面光洁度、色泽是否均匀、无色差、无瑕疵等。

其次，材料是影响产品质量的另一个关键因素。企业需要对供应商所使用的原材料进行检测和评估，包括材料的来源、质量标准、环保性能等方面。合格的原材料是保证产品质量的基础，因此企业需要确保供应商所提供的原材料符合相关的质量要求和标准。

再次，工艺是影响产品质量的另一个重要因素。企业需要对供应商的生产工艺进行审查和评估，包括生产过程的流程、操作规范、工艺技术等方面。良好的生产工艺能够保证产品的一致性和稳定性，从而确保产品具有稳定的质量水平。

最后，产品性能是评估产品质量的关键指标之一。企业需要对供应商提供的样品进行性能测试和验证，以确保产品能够满足客户的使用需求和期望。产品性能测试可以包括机械性能测试、化学性能测试、电气性能测试等方面，以全面评估产品的性能指标是否符合要求。

3. 供货能力评估

供货能力评估是供应链管理中至关重要的一环，直接关系到企业的供应稳定性和生产计划的顺利执行。在评估供应商的供货能力时，企业需要考虑多个方面的因素，以确保供应商能够按时交付产品并满足企业的需求。

首先，企业需要评估供应商的生产能力。这包括供应商的生产规模、生产线设备、生产工艺等方面。通过了解供应商的生产能力情况，企业可以评估其是否有足够的产能来满足订单需求，并且能够应对订单数量的突然增加或减少。

其次，企业需要考虑供应商的产能规划和管理。供应商是否有科学合理的产能规划，能够根据市场需求和订单情况灵活调整生产计划？供应商是否能够有效地管理生产过程，提高生产效率并减少生产周期？这些因素直接影响到供应商的供货能力。

最后，企业还需要评估供应商的原材料供应情况。供应商是否有稳定的原材料供应渠道？是否能够及时获取原材料并确保原材料的质量稳定？原材料供应的不稳定可能会导致供应商无法按时交付产品，从而影响到企业的生产计划。最后，企业还需要考虑供应商的应急处理能力。面对突发情况，供应商是否有备用生产线或备用生产设备？是否有应急预案和应对措施？这些因素直接关系到供应商在突发情况下能否及时调整生产计划，确保产品的按时交付。

（二）采购管理

1. 采购需求计划的制定

采购需求计划是企业根据市场需求和生产计划，确定所需采购物料和数量的过程。企业需要充分了解市场趋势和客户需求，结合企业的生产计划和销售预测，制定合理的采购需求计划。在制定采购需求计划时，需要考虑物料的供应周期、交货周期、库存情况等因素，以确保采购活动能够满足生产和销售的需要。

2. 采购订单管理的优化

采购订单管理涉及采购订单的生成、审核、下达、跟踪和结算等方面。企业需要建立科学的采购订单管理流程和标准化的采购程序，以确保采购订单能够及时、准确地下达和执行。采购订单的生成应该根据采购需求计划和供应商评估结果进行，确保订单的准确性和完整性。在采购订单的审核和下达过程中，需要加强内部审批和控制，避免采购过程中的错误和风险。同时，通过建立采购订单跟踪系统，可以实现对采购订单的实时监控和管理，及时发现和解决问题，保障采购订单的顺利执行和交付。

3. 供应商评估的完善

供应商评估是选择合适供应商的关键步骤，直接影响到采购管理的效率和效果。企业需要建立科学的供应商评估体系，包括评估指标、评估方法和评估标准等方面。评估指标可以包括供应商的产品质量、供货能力、交货准时率、价格竞争力、供应稳定性等因素。评估方法可以采用定性和定量相结合的方式，通过实地考察、样品测试、供应商调查等方式来获取评估数据。评估标准应该根据企业的实际情况和需求来确定，确保评估结果客观、全面和准确。

（三）生产计划

1. 市场需求与供应链情况的综合考量

生产计划的制定是企业管理中的重要环节，它直接影响到生产效率、产品质量以及客户满意度等关键指标。在制定生产计划时，企业需要综合考虑市场需求、供应链情况和生产资源等多方面因素，以确保生产活动能够有效地满足市场需求并实现企业的战略目标。

第一，市场需求是制定生产计划的重要参考因素之一。通过市场调研、销售预测和客户订单的分析，企业可以了解市场需求的变化趋势、产品的需求量和结构，从而合理预测未来的市场需求。这些数据和信息对于确定生产计划中的产品种类、数量和交付时间等方面具有重要指导意义，有助于企业根据市场需求进行灵活调整和优化。

第二，供应链情况也是制定生产计划的关键考量之一。企业需要评估供应链的稳定性、可靠性和响应能力，包括供应商的供货能力、物流配送的效率和仓储管理的水平等方面。只有确保供应链的畅通和稳定，企业才能及时获取所需原材料和零部件，保障生产活动的正常进行。因此，生产计划的制定必须考虑供应链的整体状况，以避免因供应链问题而导致生产延误或生产中断的风险。

第三，企业还需要考虑自身的生产资源情况。这包括生产设备的运转状态、人力资源的配置、生产技术的水平等方面。通过评估和规划企业内部的生产资源，企业可以确定实际可用的生产能力和生产周期，为制定合理的生产计划提供基础和保障。同时，企业还需要根据生产资源的实际情况，合理安排生产任务和生产流程，以确保生产的高效运转和成本控制。

2. 生产任务的合理分配与资源优化利用

合理分配生产任务和优化利用生产资源是实现生产计划顺利执行和提高生产效率的关键。

首先，合理分配生产任务是保障生产计划执行的基础。企业可以根据产品种类、订单量、交货期限等因素，对生产任务进行细致的排程和分配。通过科学的生产调度技术和生产计划系统，可以对生产任务进行合理安排，避免出现生产任务过度集中或生产资源闲置的情况。合理分配生产任务有助于平衡生产线的负荷，提高生产效率，确保生产能够按时完成。

其次，优化利用生产资源是提升生产效率的重要手段。企业可以通过对生产设备的合理配置和利用，充分发挥生产设备的生产能力；对人力资源进行科学调配和培训，提高员工的生产技能和工作效率；对原材料和零部件进行有效管理和控制，减少库存积压和资源浪费。通过优化利用生产资源，企业可以降低生产成本，提高生产效率，增强市场竞争力。

最后，对生产过程进行监控和管理是保障生产计划顺利执行的必要措施。企业可以采用先进的生产监控系统和质量管理工具，实时监测生产过程中的各项指标和参数，及时发现生产中的问题和异常情况，并采取相应的措施进行调整和处理。通过有效的生产过程管理，企业可以提高生产效率，减少生产中的浪费和损失，确保生产计划的顺利执行和产品质量的稳定。

3. 与供应商和销售部门的密切协调与沟通

在制定生产计划的过程中，与供应商和销售部门的密切协调与沟通至关重要。这种协调与沟通是为了及时了解市场需求和供应链情况的变化，以便灵活调整生产计划，确保企业能够满足客户需求并提高竞争力。

首先，与供应商的密切协调和沟通是确保供应链稳定和可靠的关键。企业需要与供应商建立良好的合作关系，建立长期合作伙伴关系，并及时了解供应商

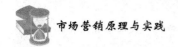

的生产能力、交货时间、产品质量等情况。通过定期会议、电话沟通、电子邮件等方式，与供应商保持密切联系，及时了解原材料供应情况，预测可能的供应风险，并采取相应的措施进行应对，以确保供应链畅通和稳定。

其次，与销售部门的密切协调和沟通是调整生产计划的关键。销售部门了解市场需求和客户订单情况，可以提供关键的市场信息和销售预测数据，帮助企业做出合理的生产计划。企业需要与销售部门建立紧密的合作机制，及时了解销售情况和订单变化，根据市场需求的变化灵活调整生产计划，确保生产与销售之间的平衡，避免库存积压和订单延误。

第四节　渠道冲突与协调

一、渠道冲突概述

渠道冲突是在供应链中常见的现象，它可以发生在生产企业与分销商之间、分销商之间，甚至是生产企业内部的不同部门之间。渠道冲突的产生源于各种因素，其中包括目标不相容、感知差异和领域冲突等根源性原因。

首先，目标不相容是渠道冲突的主要原因之一。不同渠道成员可能追求的目标不一致，导致了彼此之间的冲突。例如，生产企业可能希望通过降低产品价格来提高销量，而分销商则可能更关注利润最大化，因此两者的目标存在冲突。这种情况下，生产企业和分销商之间可能就价格政策、促销活动等方面产生分歧，引发渠道冲突。

其次，感知差异也是渠道冲突的重要原因之一。不同渠道成员对市场和竞争环境的认识存在差异，这可能导致他们对市场需求、产品定位和市场份额等方面的看法不一致，进而引发冲突。例如，某一分销商可能认为某个产品在当地市场有很大的潜力，而生产企业可能认为该产品的市场份额已经足够饱和，因此对于市场推广策略存在分歧。

最后，领域冲突也是渠道冲突的一个重要原因。不同渠道成员可能对彼此的职责和权限存在不同的理解，导致他们之间的交集和重叠，从而产生冲突。例如，生产企业可能认为分销商应当负责产品的销售和市场推广，而分销商则可能认为生产企业应当提供更多的市场支持和广告投入。这种领域冲突可能导致双方在合作过程中产生分歧，甚至争吵不休。

二、渠道冲突表现形式

（一）同业冲突

同业冲突在商业世界中是一种普遍存在的现象，尤其是在同一市场中经营相似产品的企业之间。这种冲突不仅仅是竞争关系，更是在争夺有限的市场份额和客户资源上的竞争，因此具有较高的竞争性和紧迫性。

首先，同业冲突的产生源于市场的竞争激烈程度。在一个市场上，同一类产品的竞争对手往往众多，企业之间需要争夺有限的市场份额，以维持自身的生存和发展。由于产品同质化程度高，价格竞争和服务竞争成为主要的竞争手段，从而导致了同业冲突的频繁发生。

其次，同业冲突也受到市场需求和客户偏好的影响。市场需求的变化和客户偏好的多样化，使得企业需要不断调整产品和服务以满足客户的需求，从而导致了竞争加剧和同业冲突的加剧。在这种情况下，企业之间为了争夺客户资源和市场份额，往往采取更加激烈的竞争策略，从而加剧了同业冲突的程度。

最后，市场营销活动的加剧也是同业冲突的重要原因之一。为了吸引客户和提升品牌知名度，企业往往会加大市场营销力度，包括广告宣传、促销活动、公关活动等。这些市场营销活动的加剧不仅会增加企业的营销成本，也会加剧市场的竞争程度，进而导致同业冲突的加剧。

（二）上下冲突

同样的生产商、不同的级别、隶属上下游的经销商产生的冲突。这种冲突的产生主要有两个原因：一是，生产商的渠道扁平化策略执行时可能导致上下游之间的竞争冲突。在某些情况下，生产商可能会试图简化其供应链结构，减少中间商的数量，以降低成本、提高效率或增强对渠道的控制力。然而，在这一过程中，原本处于供应链上游或下游的经销商可能会感受到直接的竞争压力。上游经销商可能会担心生产商直接与下游经销商合作而绕过他们，而下游经销商则可能担心生产商与其他同级别的经销商展开直接竞争。二是，争夺大客户时可能引发上下游之间的竞争。在供应链中，大客户往往拥有更大的采购量和更多的资源，

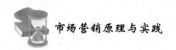

因此吸引多个上下游经销商争夺其订单。在这种情况下，不同级别的经销商为了维护自己的利益和市场份额，可能会采取各种手段竞争，包括降价、增加服务或提供额外的优惠等，这可能导致上下游之间的竞争和冲突。

（三）同级冲突

同样的生产商、同样级别的、经营不同区域的经销商因为利益划分问题产生的冲突。这是同级经销商之间的冲突。这个最典型的就是：审货。所属市场价格偏低的经销商，为了自己的超额利润就会单方面地违反合作协议，将价格偏低的产品销往价格偏高的其他经销商的销售地区。另一种现象是直接降价销售来冲击其他地区的经销商。

（四）交叉冲突

这种冲突产生于生产商和经销商之间。当生产商既有多级渠道也有零级渠道，那么在面对大客户的时候，生产商的直营业务人员和经销商就会产生冲突。不同渠道之间的冲突将随着企业多重渠道营销系统的运用增多而扩大。

三、渠道冲突原因分析

（一）利益"双重边际化"

"双重边际化"，或称为"双重加价"，在产业链中是一个普遍存在的现象。它涉及上游制造商和下游分销商之间的利益冲突和博弈，导致整个产业链上的产品经理了两次加价过程。首先，从上游制造商的角度来看，他们希望以最高的价格将产品销售给下游分销商，以实现利润最大化。然而，由于下游分销商通常会采取谈判和压价等策略，上游制造商往往无法按照其期望的价格售出产品，从而导致第一次加价。这种情况下，制造商会将成本和预期利润考虑在内，制定相应的价格策略，以满足下游分销商的需求。其次，从下游分销商的角度来看，他们希望以最低的价格从上游制造商处购买产品，以便在零售市场上获得更高的利润。因此，他们会尽可能地争取更低的采购价格，以降低成本并获得更大的利润空间。然而，这种谈判和压价的过程也会导致产品的第二次加价，即分销商在采购产品时支付的价格高于其生产成本。

在这个过程中，双重边际化涉及企业的订货决策，以及上下游之间关于产品价格、质量、促销、技术等方面的决策行为。每个参与者都在追求自身利益最大化的目标下行动，导致整个产业链上的产品价格层层加价，最终由消费者承担。

（二）战略目标不一致

企业与中间商有不同的目标，企业希望占有更大的市场，获得更多的销售增长额及利润，但大多数零售商，尤其是小型零售商，希望在本地市场上维持一种舒适的地位，即当销售额及利润达到满意的水平时，就满足于安逸的生活。同时，每一个渠道成员都希望自己的库存少一些，对方多保持一些库存。

（三）对渠道成员的选择和激励不当

分销渠道是由一级一级的渠道成员组成的链条，渠道成员的选择是否适当、激励是否得当，直接决定着分销渠道的质量。不管链条上的哪个环节出现问题，都会给分销渠道带来极大的危害。许多企业常常把激励经销商简单地理解为是调动经销商的积极性，但对激励的具体目标和措施却制定不当，导致激励达不到预期的效果，为渠道冲突埋下隐患。

（四）新兴渠道诱发的多渠道冲突

最近几年，出现了商业超市、批发市场以外的日化产品销售渠道，如品牌连锁专卖店、直销渠道等。它们对传统渠道的冲击日益增大。如网络分销渠道使信息沟通由单向变为双向，一方面，企业可以在互联网上发布有关产品的价格、性能、使用方法等信息；另一方面，消费者也可以通过互联网直接了解产品信息，做出合理的购买决策。首先，生产者还可以迅速获得消费者的反馈信息。其次，电子化渠道提供更加便捷的服务。在网络营销中，消费者可以直接在网上订货和付款，交易变得极为方便。最后，生产者也可以通过网络为消费者提供售后服务和技术支持，降低了服务成本。电子化渠道的这些优势，加上物流运送体系的完善的银行结算体系的改革，使得电子化渠道日益繁荣，同时也给传统渠道带来巨大冲击。

（五）渠道控制权配置、应用不当

控制权这一概念产生于公司产权和治理机构的研究过程中，也称作监督权、委托权。委托—代理理论认为，一个企业的控制权由所有者还是经理掌握，取决于双方在企业中的相对重要性、监督上的相对有效性和对风险的态度。一旦控

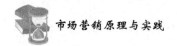

制权做出安排，拥有控制权的主体也相应拥有了企业收益的剩余索取权。另一主体则获得一定份额的稳定收入。渠道成员之间也同样有控制权安排问题。控制权的配置是不同行业市场结构关系演进的自然结果，没有理由主观认定渠道控制权必须安排给谁。因而，若渠道成员盲目争取渠道"话语权"，只能引发渠道冲突。另外，当某一成员拥有该项权利后，不采取恰当的激励，也同样会造成渠道冲突。

四、渠道协调与整合的方法与技巧

（一）及时调整和整合营销渠道

面对瞬息万变的市场和复杂多样的客户需求，企业不能墨守成规，而是要根据具体情况不断调整自己的营销渠道来适应这种飞速变化。渠道调整通常可以分为两种形式。

第一，结构性调整是指在特定渠道中对中间商进行增减，以优化渠道结构和提高整体效率。对于那些表现不佳的中间商，企业可以考虑清除他们，并寻找更合适的替代方案，以提高渠道的运作效率和企业的盈利能力。同时，企业也可以通过增加中间商来扩大渠道覆盖范围，以满足不同地区和不同消费群体的需求，从而增加销售机会和市场份额。

第二，功能性调整是指增减某一个特定的营销渠道，以适应市场供求状况的变化和企业自身发展需求。如果企业发现某个渠道的表现不佳或者市场需求发生了变化，可以考虑适当减少或者增加相关渠道。例如，如果某个渠道的销售额持续下滑，企业可以考虑减少对该渠道的投入，并将资源转移到表现更好的渠道上，以提高销售效率和降低成本。相反，如果某个新兴渠道表现出了巨大的潜力，企业可以考虑增加对该渠道的投资，以拓展市场份额和增加收入来源。

在调整和整合渠道时，企业需要综合考虑市场环境、竞争态势、客户需求以及自身资源和能力等因素，制定合理的调整策略和实施方案。同时，还需要与渠道合作伙伴保持密切沟通和合作，共同努力实现双赢局面。通过及时调整和整合营销渠道，企业可以更好地适应市场变化，提升竞争力，实现可持续发展。

（二）建立渠道成员的激励与互助机制

在与渠道成员的合作过程中，企业还需根据各渠道成员的需要，进行有效地激励，调动各渠道成员进行合作的热情和积极性，提高整个渠道的效率。可采用的激励措施不仅包括向成员提供适销对路的产品提供促销支持、给予较大的价格上的折扣、独家经营权等，还包括向成员提供管理上的协助，如帮助渠道成员设计管理系统，进行人员的培训等。这样不仅可以提高渠道成员的满意度，还可增进渠道成员对生产商的理解，加强生产商对渠道成员的影响，促进他们之间的合作。

（三）建立利益分享机制

供应链作为一种中间组织，在实现产品满足消费者需求的同时，各成员也追求自身利益的最大化。然而，由于存在利益"双重边际化"的问题，即上下游成员各自追求利润最大化，导致渠道冲突和博弈的出现。因此，建立有效的利益分享机制成为解决渠道冲突、促进供应链协同发展的关键。

首先，在建立利益分享机制时，需要意识到供应链各成员的共同目标：降低成本、提高效率、实现利润最大化。这意味着各成员必须摒弃零和博弈的思维方式，转而建立合作共赢的理念。只有通过共同努力，实现供应链整体利益的最大化，才能实现长期稳定的合作关系。

其次，建立利益分享机制需要考虑到各成员的不同利益诉求和地位差异。在这个过程中，应该采取公平、透明的原则，确保各成员的利益得到平等对待和合理保障。例如，可以通过制定明确的合作协议、设立奖惩机制、建立供应链绩效评价体系等方式，确保利益分享的公平性和可持续性。

最后，建立利益分享机制还需要强调信息共享和沟通协作。供应链中的信息不对称和沟通不畅是导致冲突和不协调的重要原因之一。因此，各成员应该建立开放、互信的沟通机制，及时分享市场信息、需求预测、生产计划等关键信息，以便更好地协调行动、共同应对市场变化。最后，利益分享机制的建立需要持续地监督和改进。随着市场环境的变化和供应链成员的变动，利益分配机制也需要不断调整和优化。只有保持敏锐的市场感知和灵活的应变能力，才能确保利益分享机制的有效运行和持续改进。

（四）分配基于核心竞争力的渠道控制权

渠道控制权的分配应当建立在各个企业在渠道运作职能上的核心竞争力之上。由于渠道是由研发、生产、销售、配送等多个环节组成，每个环节都对整个

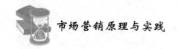

渠道的效率和绩效产生重要影响。因此，渠道控制权的分配应当根据各个成员在这些运作职能上的竞争优势来进行。

首先，一个具有竞争力的渠道应该由各个环节都具有核心竞争力的成员组成。这意味着每个渠道成员都应该在其擅长的领域具有优势，从而为整个渠道的发展和绩效贡献力量。例如，生产商可能在产品创新和质量控制方面具有优势，而经销商和零售商则可能更擅长于市场营销和顾客服务。

其次，渠道控制权的分配应当注重各成员的核心竞争力在渠道中的价值贡献。对于营销职能而言，经销商和零售商通常更了解顾客需求和市场趋势，因此在销售职能上具有更大的优势。他们通过代理多种不同品牌，不仅可以降低渠道风险，还能够更好地满足不同消费者的需求。

最后，渠道控制权的分配应当避免成员之间的利益冲突和资源浪费。如果某个成员盲目地争夺在不属于自身核心竞争力范围内的运作职能上的控制权，可能会导致资源的浪费和渠道绩效的降低。因此，渠道成员应该意识到各自的优势和定位，合理分工，形成互补关系，共同实现渠道的长期发展和成功。

（五）建立经常性的沟通对话机制

企业在日常的营销活动中应该做到防微杜渐、防患于未然。对于早期的渠道冲突要及时发现，及时解决，避免其进一步演化成恶性渠道冲突。这就需要渠道成员之间建立一种经常性的信息传递机制和平台，来实现渠道成员之间的充分沟通。渠道成员应该建立经常性的信息交换制度，相互交流有关各地市场状况的信息，以及合作中的意见和建议。还可以进行企业高层间的互访，相互传达企业的发展理念和愿景。通过这种信息传递，渠道各成员之间能够共享经验与资源，改变渠道成员之间信息不对称的现状，消除渠道成员之间存在的误解和隔阂，有助于发现渠道中容易被忽视的冲突隐患，消除已有的早期冲突和矛盾，有助于保证渠道的正常、畅通和高效运转。

第五章

促销与广告

第一节　促销策略与活动

一、促销活动的设计与实施

（一）目标和定位

在进行促销活动的设计与实施之前，企业首先需要明确促销活动的目标和定位。这一步是促销活动成功的关键，因为明确的目标能够指导活动的策划和执行，确保活动达到预期的效果。不同的目标可能需要采取不同的促销策略和形式：

1. 提高销量

提高销量是许多企业的首要目标之一。为实现这一目标，企业可以设计多种促销活动，以吸引更多的消费者购买产品或服务。其中，打折、满额减、买赠等激励性措施是常见的促销手段。通过这些促销活动，企业可以降低产品价格门槛，激发消费者的购买欲望，从而提高销售量和销售额。此外，针对不同产品和不同消费群体的特点，还可以采取有针对性的促销策略，如组合销售、捆绑销售等，以最大程度地提升销售业绩。

2. 清库存

对于积压库存的情况，企业需要采取有效措施清理库存，释放资金流，为新品上市或者新一轮采购做准备。在这种情况下，企业可以实施一系列清仓大甩卖、限时特价等促销活动。这些促销活动旨在快速消化滞销产品，减少库存积压带来的资金压力，同时提高企业的资金周转率。通过促销活动清理库存，企业不仅可以降低库存成本，还可以释放仓储资源，为新产品的引入和市场推广创造更

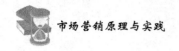

有利的条件。

3. 推广新品

对于新品推广，企业需要通过促销活动提高新品的知名度和销售量，吸引更多的消费者购买。针对新品推广，可以采用一系列新品体验活动、赠品配套等促销手段。例如，举办产品试用活动、线上线下体验活动，为消费者提供免费或低价的新品试用机会；同时，可以结合赠品销售，通过赠送附加产品或者优惠券等方式，增加消费者对新品的购买欲望。通过这些促销活动，企业可以有效地扩大新品的影响力，提升市场份额，快速建立新品的市场地位。

（二）活动形式

促销活动的形式多种多样，企业可以根据产品特点、目标市场和竞争对手情况选择合适的促销形式。以下是一些常见的促销活动形式：

1. 折扣促销

折扣促销是一种常见的促销手段，通过降低产品价格来吸引消费者购买。常见的折扣形式包括满减、满折等。例如，满 100 元减 20 元、第二件半价等折扣形式。这种形式适用于价格敏感型消费者，能够有效地刺激消费者的购买欲望，促进销量的提升。

2. 赠品促销

赠品促销是在购买产品时赠送礼品或样品的促销形式，通过赠送附加价值来增加产品的吸引力。企业可以选择赠送与产品相关的礼品或样品，也可以选择赠送与节假日、季节等相关的礼品。赠品促销能够吸引消费者的注意力，提高购买欲望，促进销售额的增长。

3. 抽奖活动

抽奖活动是一种富有趣味性的促销形式，消费者在购买产品或完成指定消费额度后有机会参加抽奖活动，赢取丰厚的奖品或优惠。抽奖活动能够吸引消费者的参与度，增加购买动机，提升销售量。此外，抽奖活动还能够增加消费者的互动性，促进品牌与消费者之间的互动和交流。

（三）时机和频率

1. 市场环境

在选择促销活动的时机时，企业需要对市场环境进行深入分析，包括市场趋势、竞争对手的活动情况等。通过了解竞争对手的促销活动时间和形式，企业可以避免与其活动产生冲突，最大限度地吸引消费者的注意力。

2. 消费者需求

了解消费者的购买习惯和需求是确定促销活动时机的关键。企业可以通过市场调研、消费者反馈等方式了解消费者的购买心理和偏好，选择适合他们的时机和形式进行促销活动，以提高活动的针对性和吸引力。

3. 活动周期

促销活动的频率应该适度，避免过于频繁地进行活动，以免消费者产生麻木感和对活动失去兴趣。过度频繁的促销活动可能会降低产品的价值感，影响品牌形象。因此，企业需要根据产品特点和市场需求，合理安排促销活动的频率，保持消费者的新鲜感和期待感。

二、促销策略对销售业绩的影响

（一）刺激消费欲望

1. 促销活动的力量

促销活动作为企业营销策略的重要组成部分，扮演着引导消费者购买行为的关键角色。这种方式的作用在于通过多种手段刺激和激发消费者的购买欲望，从而推动产品销售并促进市场营销的有效展开。

第一，促销活动通过降低产品价格或提供特别优惠，直接吸引消费者的注意力。折扣促销、满减活动等价格优惠形式让消费者感受到购买产品的实惠，从而诱发购买欲望。价格优惠是消费者购买决策的主要驱动因素之一，对于那些价格敏感的消费者来说，优惠的价格往往能够促使他们更积极地购买产品。

第二，促销活动提供额外的价值，使产品对消费者更具吸引力。赠品促销、礼品卡赠送等形式的附加价值，为消费者提供了额外的福利，增强了他们对产品的购买意愿。这种额外的价值感受让消费者感到购买产品的价值性更高，从而更倾向于进行购买。

第三，促销活动还可以创造购买动机和购买紧迫感，加速消费者的购买决策。限时促销、限量赠品等形式的促销活动，通过设置时间限制或数量限制，刺激消费者在有限的时间内进行购买，增加了购买的紧迫感和决策的紧迫性。消费

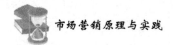

者意识到促销活动的特殊性和一次性优惠后，往往会更加积极地参与购买。

第四，促销活动促进了产品的销售，并帮助企业扩大市场份额。通过各种形式的促销活动，企业可以吸引更多的消费者关注，增加产品的曝光度和知名度，提高市场竞争力。促销活动的力量在于直接作用于消费者的购买心理，通过提供价格优惠、额外的价值和购买动机，刺激和激发了消费者的购买欲望，从而推动了产品销售和市场营销的有效展开。

2. 价格优惠的影响

当消费者在促销活动中看到产品价格的降低时，往往会立即产生一种购买的诱惑和冲动。这种诱惑并不仅仅是心理层面上的，而是直接激发了他们的购买欲望，增加了他们进行购买的可能性。

价格优惠对消费者的影响主要体现在以下几个方面：首先，价格优惠提供了消费者实实在在的经济利益。消费者在购买产品时，往往会对价格进行权衡和比较，寻求最具性价比的选择。当产品价格通过促销活动得到降低时，消费者可以直接享受到价格上的优惠，从而实实在在地节省了花费。这种直接的经济利益往往会激发消费者的购买动机，促使他们更倾向于进行购买。其次，价格优惠在心理上给消费者带来了满足感和满足感。消费者在享受到价格优惠时，往往会感到一种获得了实惠的满足感和成就感，因为他们认为自己在购买过程中获得了额外的价值。这种心理上的满足感会进一步增强消费者的购买欲望，使他们更愿意参与促销活动并进行购买。最后，价格优惠创造了购买的紧迫感和决策的紧迫性。在促销活动中设置限时优惠或数量有限的优惠条件，会让消费者感受到一种购买的紧迫感，因为他们意识到这种优惠可能是一次性的。这种紧迫感会促使消费者更迅速地做出购买决策，以免错过优惠的机会。因此，价格优惠不仅为消费者提供了实际的经济优惠，还在心理上刺激了他们的购买欲望，并创造了购买的紧迫性，从而增加了购买的可能性。

3. 赠品的吸引力

赠品促销作为一种常见的营销策略，在吸引消费者、提升销售业绩方面发挥着重要作用。除了价格优惠外，赠品的吸引力在促销活动中往往是不可忽视的，它能够为消费者提供额外的价值感和满足感，从而增强其购买欲望和参与促销的积极性。

首先，赠品作为一种附加价值的体现，能够为消费者带来实际的利益。当消费者在购买产品时获得额外的赠品，他们会感受到自己获得了更多的价值，这种额外的价值感会直接增强其购买的满意度和愿意性。例如，一些消费者可能会因为赠送了精美的礼品或实用的小工具而更倾向于购买产品，因为他们认为这是一种额外的回馈和奖励。

其次，赠品促销能够为产品增添新的吸引力和竞争优势。在市场竞争激烈的情况下，产品本身的特点和价格可能已经无法吸引消费者的注意，而赠品则可以成为产品的一种附加优势，为消费者提供更多的选择和诱因。例如，在同类产品中，如果一款产品提供了额外的赠品，消费者往往会更倾向于选择这款产品，因为他们可以获得更多的价值和实惠。

最后，赠品促销还能够增强消费者的购买体验和品牌认知。当消费者在购买产品时获得了赠品，他们会感受到一种特别的待遇和关怀，这种积极的购买体验会增强其对品牌的好感和认可度。同时，赠品作为一种品牌宣传的载体，能够帮助企业提升品牌的曝光度和知名度，吸引更多的消费者关注和认可。

（二）吸引新客户

1.新产品推广

（1）产品展示活动

企业可以组织产品展示活动，向消费者展示新产品的特点、优势和应用场景。这种活动可以提供亲身体验的机会，让消费者更直观地了解产品，增强他们的购买兴趣和信心。通过展示活动，企业可以有效地吸引目标客户群体，提高新产品的曝光度和认知度。

（2）新品试用活动

举办新品试用活动是另一种有效的促销方式，通过免费或低价提供新产品样品，让消费者有机会亲自体验和评估产品的品质和性能。这种活动可以有效地降低消费者尝试新产品的门槛，增加他们的试用意愿和购买欲望。同时，积极的试用体验也有助于传播积极的口碑和用户体验，进而吸引更多的潜在客户。

（3）限时优惠活动

提供限时优惠是吸引消费者尝试新产品的常用策略之一。通过打折、满额减、买赠等形式的促销活动，企业可以激发消费者的购买欲望，促使他们更愿意

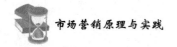

尝试新产品。这种方式不仅可以促进销量增长，还可以提高产品的知名度和市场份额。同时，限时优惠活动还能够营造一种紧迫感和购买冲动，增加消费者对促销活动的关注和参与度。

2. 新品牌打造

（1）品牌发布会

举办品牌发布会是新品牌推广的有效方式之一。通过这种活动，企业可以向目标客户、行业媒体和其他利益相关者介绍新品牌的定位、核心价值和产品特点。借助发布会的舞台，企业可以营造出一种独特的品牌氛围，增强品牌的神秘感和吸引力，吸引更多的关注和关注度。

（2）赞助活动

赞助活动是另一种有效的品牌推广方式，通过与相关行业或主题相关的活动合作赞助，企业可以将品牌信息传播给更广泛的受众群体。例如，赞助体育赛事、文化活动或慈善活动等，可以让品牌获得更多的曝光和认可，提升品牌的知名度和美誉度。

（3）社交媒体合作

社交媒体是当今传播信息的重要平台，通过与知名社交媒体平台或 KOL（关键意见领袖）合作，企业可以将品牌信息传播给更广泛的受众。通过与社交媒体平台进行合作推广，发布品牌相关内容和活动，可以吸引更多的关注和互动，提升品牌的曝光度和认知度。

3. 开拓新市场

（1）新市场的选择

在开拓新市场之前，企业需要对潜在的新市场进行充分的市场调研和分析，了解目标客户群体的需求和购买行为，选择具有发展潜力和适合企业产品的新市场。例如，可以选择人口密集、经济发展较快或者消费水平较高的新兴市场进行促销活动，以吸引更多的消费者参与。

（2）定制化的促销方案

鉴于不同市场和客户群体的特点和需求可能存在差异，企业需要根据新市场的特点和目标客户群体的需求，定制化促销方案，以确保促销活动的针对性和有效性。例如，可以针对新市场的消费者推出个性化的促销方案，如地域性促销活动、节庆活动或与当地文化相关的促销活动，以吸引更多新客户的参与和购买。

（3）建立品牌认知度

促销活动不仅可以吸引新客户的关注和购买，还可以帮助企业建立品牌在新市场的知名度和认知度。通过促销活动，企业可以向新市场的消费者传递品牌的核心价值和特点，塑造品牌形象，提升品牌的美誉度和信誉度，从而增强在新市场的竞争优势。

（三）提升客户忠诚度

1.关怀和信任

通过促销活动，企业可以向现有客户传递关怀和价值，从而增强客户对企业的信任和好感。例如，企业可以通过定期发送优惠券、生日礼品或节日礼品等方式，表达对客户的关怀和祝福。这种关怀可以让客户感受到被重视，增强对企业的信任感，从而建立起更加稳固的客户关系。

2.重复购买率的提升

提升客户忠诚度可以增加客户的重复购买率，从而促进企业的持续销售和盈利。通过不断提供优惠和奖励，企业可以激励客户选择再次购买产品。例如，企业可以推出会员制度，给予会员专属的优惠和折扣，把他们发展成长期忠诚的客户。这种方式可以增强客户的忠诚度，提高客户的满意度和购买意愿。

3.客户满意度的提高

促销活动还可以提高客户的满意度，使他们对企业的产品和服务更加满意。通过优惠和赠品等促销手段，企业可以增加客户的购买体验和感受。例如，企业可以在购买产品时赠送免费样品或礼品，让客户感受到额外的价值和关怀。这种优惠措施可以提升客户的购买体验，增强客户对产品的满意度，从而促进客户忠诚度的提升。

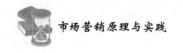

第二节　广告原理与媒体选择

一、广告的概念

广告是品牌和人的沟通过程，是双方达成共识的过程，即广告为了某种特定的需要，通过一定形式，如通过媒体公开而广泛地向公众传递信息的宣传手段。然而，广告是一个范围很大的概念，它可以分为平面广告、电视广告、网络广告、流动广告、广播广告、户外广告等许多形式。

（一）广告的概念和重要性

广告是商业活动中至关重要的一环，它不仅仅是品牌和人之间沟通的媒介，更是推动经济发展、促进消费者与产品之间互动的桥梁。从传播学的角度来看，广告是一种有意识的、有目的地向公众传递信息的宣传手段，旨在激发消费者的兴趣，促进消费行为的发生。而在商业层面，广告的目标则是通过有效地传播，提升品牌知名度，刺激销售增长，实现企业的营销目标。

广告的形式多种多样，涵盖了平面广告、电视广告、网络广告、流动广告、广播广告、户外广告等多种形式。不同形式的广告在不同的场景下有着各自的优势和适用范围，因此广告策略的制定和执行需要根据目标受众、产品属性以及市场环境等因素进行灵活调整和选择。

（二）广告构成要素分析

广告的成功不仅仅依赖于创意和传播手段，更需要充分考虑广告的构成要素，这些要素相互交织、相互影响，共同决定了广告的效果和价值。

1. 广告

广告主作为广告活动的发起者和资助者，在整个广告过程中扮演着至关重要的角色。无论是大型企业、知名品牌还是个人创业者，他们的目标都是通过广告宣传来促进产品或服务的销售，并提升品牌形象。广告主的决策和战略直接影响着广告活动的方向和效果。

品牌塑造是广告主的首要任务之一。通过广告宣传，广告主可以打造出与品牌理念相符合的形象，塑造独特的品牌个性，从而在竞争激烈的市场中脱颖而出。例如，一些知名品牌通过创意广告营销，成功塑造了浓厚的品牌文化，吸引了大量忠实粉丝，进而促进了产品的销售。此外，广告主需要根据市场需求和竞争环境制定合适的广告战略。在市场导向的理念下，广告主需要进行市场调研，了解目标受众的需求和偏好，把握市场趋势，从而有效地定位产品定位，精准投放广告。举例来说，一些企业会针对不同的目标受众群体制定差异化的广告策略，以达到更好的营销效果。

2. 广告公司

广告公司作为专业的广告服务机构，承担着广告策划、创意设计和执行等方面的责任。它们在广告活动中的作用不可或缺，对于广告主而言，选择合适的广告公司是确保广告活动成功的关键之一。

创意孵化是广告公司的核心竞争力之一。通过深入的市场调研和创意激发，广告公司可以为广告主提供独特、吸引人的广告创意，从而打动目标受众，实现广告宣传的最大化效果。创意的成功与否往往决定了广告活动的成败，因此广告公司需要不断创新，积极探索新的创意表现形式和传播方式。

除了创意孵化，广告公司还承担着广告执行的重要责任。他们需要根据广告主的需求和预算，选择合适的广告媒体和渠道，制定详细的广告计划，并负责广告内容的制作和发布。在广告执行过程中，广告公司需要密切监控广告效果，及时调整策略，确保广告活动达到预期的效果。

3. 广告媒体

广告媒体作为广告传播的载体，直接影响着广告信息的传播效果和受众触达率。从传统媒体到新兴媒体，不同的广告媒体平台各有特点，广告主需要根据目标受众的特点和广告目标选择合适的广告媒体，以实现最佳的传播效果。

传统媒体包括电视、报纸、杂志等，它们在传播范围和影响力上具有一定优势。电视广告可以通过视觉和声音双重感官刺激，吸引受众注意，而报纸和杂志广告则可以实现更加精准的受众定位，满足特定群体的需求。

与传统媒体相比，新兴媒体如互联网和社交媒体具有更高的互动性和个性化定制特点。广告商可以通过网络广告、社交媒体营销等方式与受众进行更加直接

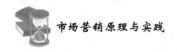

和深入地互动，实现精准触达和精准营销。例如，通过搜索引擎广告和社交媒体广告，广告主可以根据用户的搜索行为和兴趣爱好进行广告投放，提高广告的点击率和转化率。

在选择广告媒体时，广告商需要综合考虑受众特征、媒体覆盖范围、广告费用等因素，量身定制广告传播策略，以实现最佳的传播效果和受众触达率。

4. 广告信息

广告信息是广告传递的核心内容，包括产品特点、优势、价格、促销活动等。有效的广告信息应该简洁明了地表达广告主的核心价值和品牌形象，引导受众对产品或服务产生兴趣和认同，从而促进消费行为的发生。

在广告信息的设计中，精准定位是至关重要的。广告主需要了解目标受众的需求、痛点和偏好，将广告信息针对性地进行定位，使之能够与受众产生共鸣，引发情感共鸣和认同感。例如，针对不同年龄、性别、地域、收入等特征的受众，广告信息的呈现方式和内容应该有所差异，以提高广告的接受度和效果。

另外，品牌传播是广告信息的重要组成部分。通过广告信息的传播，广告主可以塑造出品牌的独特形象和价值观，增强品牌的知名度和美誉度。品牌传播不仅仅是一次性的宣传活动，更是长期的品牌建设和维护过程。广告主需要通过持续的广告投放和品牌推广，不断强化品牌形象，提升品牌认知度和影响力。

5. 广告的思想和技巧

广告的思想和技巧是广告创意的核心，它包括对目标受众心理的深刻洞察，以及创新的广告表现形式和传播方式。在当今竞争激烈的市场环境下，创意创新是吸引受众注意和产生共鸣的关键。

情感营销是广告创意中的重要策略之一。通过情感化的广告内容和故事情节，广告主可以触动受众的内心，引发情感共鸣，从而增强受众对广告的认同感和好感度。例如，一些感人至深的广告故事往往能够引起广泛关注和讨论，从而有效提升品牌知名度和美誉度。

创意创新是广告成功的关键之一。广告主需要不断挖掘创意灵感，尝试新颖的广告表现形式和传播方式，与时俱进地创造出符合受众需求和市场趋势的广告作品。例如，随着科技的不断发展，虚拟现实、增强现实等新兴技术正在被广泛应用于广告领域，为广告创意带来了更多可能性和想象空间。

在广告思想和技巧的指导下，广告主可以打造出更具吸引力和影响力的广告作品，实现广告宣传的最大化效果和价值。通过深入挖掘受众需求、精准定位广告信息、创意创新等方式，广告主可以在激烈的市场竞争中脱颖而出，赢得更多消费者的青睐和支持。

二、常见广告类型及渠道

（一）常见广告类型

1. 产品广告

产品广告是最常见的广告类型之一，旨在向消费者介绍产品的特性和优势，直接推销产品，打开销路，提高市场占有率。在产品广告中，广告主通常会突出产品的特点、功能、性能、价格等信息，以吸引消费者的注意力并促使其购买。

产品广告的内容和形式多样化，可以是文字描述、图片展示、视频演示等。通过精心设计的广告内容，产品广告能够有效地向受众传递产品的核心价值和品牌形象，激发消费者的购买欲望。例如，汽车广告常常会突出车型的性能和外观设计，电子产品广告则会重点介绍产品的功能和技术优势。

在产品广告的策划和执行过程中，广告主需要考虑目标受众的特点和需求，选择合适的广告媒体和传播渠道，以确保广告的精准触达和有效传播。同时，广告主还需要关注竞争对手的广告活动，及时调整广告策略，提升广告的竞争力和影响力。

2. 文字广告

文字广告是一种通过文字形式来展示产品或服务的广告形式，其特点是简洁明了，直接表达产品的特性和优势，同时希望通过文字给人以形象和联想余地。在文字广告中，创意的表现形式至关重要，好的文字创意可以让广告更具吸引力和影响力。

文字广告的创意表现可以包括文案设计、语言调性、排版布局等形式。通过精心设计的文案，文字广告能够向受众传递清晰、简洁的信息，引起受众的兴趣和共鸣，从而促使其进行购买行为。例如，一些优秀的文字广告常常会运用幽默、温情、情感等元素，打动受众的心弦，留下深刻的印象。

此外，文字广告还需要考虑受众的阅读习惯和心理需求，选择合适的文字

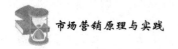

表达方式，以确保广告的有效传播和受众接受度。在文字广告的制作和发布过程中，广告主需要不断优化广告内容和文案设计，以提升广告的触达率和点击率，实现广告宣传的最大化效果。

3. 视频广告

视频广告是一种通过视频形式展示产品或服务的广告形式，其特点是生动直观，通过视觉冲击和故事情节来吸引受众的注意力，刺激消费者的好奇心。在移动互联网主流的广告形式中，视频广告已经成为越来越受欢迎的广告类型之一。

通过精心设计的视频内容，视频广告能够向受众传递更加直观、生动的产品信息，引发受众的情感共鸣和认同感。在视频广告的制作过程中，广告商需要注意故事情节的设计、画面的表现、音乐的选择等方面，以确保广告的吸引力和影响力。

视频广告的传播效果通常较好，因为视频形式能够更好地吸引受众的注意力，增强广告内容的记忆度和认知度。在移动互联网时代，随着移动设备的普及和网络带宽的提升，视频广告的传播效果进一步得到了增强。广告商可以通过开屏广告、Feed 流广告、贴片广告等形式，将视频广告精准投放给目标受众，实现广告宣传的最大化效果。

（二）常见的广告渠道

目前有互联网、报纸、电视、广播等几种常见的渠道。

1. 线上渠道——互联网媒介

随着网络信息的快速发展，互联网发生了天翻地覆的变化，特别是微信、微博、抖音等短视频在市场上兴起，不仅丰富了投放形式，可以以图片、文字、组合图等多种形式投放，又可以根据用户的消费特点进行定向投放，提高用户的消费体验且投放范围较广。

（1）社交媒体广告

社交媒体平台如微信、微博、抖音等已成为用户日常生活不可或缺的一部分，广告主通过在这些平台上投放广告，可以实现精准的定向投放，根据用户的兴趣爱好、年龄性别等特征进行精准营销。同时，社交媒体平台还提供了多种广告形式，如图片广告、视频广告、原生广告等，以满足不同广告需求。

（2）搜索引擎广告

搜索引擎广告是一种通过搜索引擎搜索结果页面上投放广告的形式。广告主可以通过在搜索引擎上购买关键词，实现对用户搜索行为的精准触达，提高广告的曝光率和点击率。搜索引擎广告通常以文字链的形式展示，简洁明了，直接引导用户点击进入相关网站，实现精准流量导入。

（3）视频网站广告

随着短视频平台的兴起，视频广告成为一种受欢迎的线上广告形式。广告主可以在视频网站如优酷、爱奇艺等投放视频广告，通过生动的画面和动听的音乐吸引用户的注意力，传递产品或服务的信息，从而实现品牌宣传和销售推广。

2.线下渠道——户外、纸媒等

纸媒包括报纸、杂志，它们都是优质的内容生产者，可以把喜欢的广告信息保存下来，永久翻看，

（1）户外广告

户外广告是指在户外公共场所投放的广告，如路牌、灯箱、车身广告等。户外广告具有覆盖面广、触达率高的特点，能够在受众生活和工作的各个场景中实现广告曝光，增强品牌知名度和影响力。同时，户外广告还具有视觉冲击力强、信息传递直接的特点，能够吸引受众的注意力，增加广告的记忆度和认知度。

（2）纸媒广告

纸媒广告包括报纸、杂志等传统印刷媒体上的广告形式。尽管受到互联网的冲击，纸媒广告仍然在一定程度上保持着稳定的受众群体和广告市场。与电子媒体相比，纸媒广告具有信息保存时间长、品质感强等优势，能够为广告主带来更加持久和深刻的品牌印象。

（3）广告投放战略的协同

无论是线上还是线下广告渠道，广告投放的最终目标都是实现销售推广和品牌宣传。因此，广告主需要综合考虑不同广告渠道的特点和优势，制定全面的广告投放战略。投放战略的协同涉及广告内容和形式的统一、投放时机和频次的合理安排、广告效果的监测与调整等方面，需要细化到每个广告投放的步骤和环节，以确保广告投放的效果最大化。

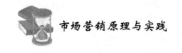

第三节 销售推广与公关活动

公共关系是企业为宣传或者保护企业形象或单个产品而设计的活动。公关与广告对品牌的塑造，各自起到不同的作用。如果广告先行，那么品牌在达到知名度这个阶段就会止步不前。要产生影响力与美誉度，则依然要把公关的课补上，这对企业来说是时间、金钱与资源的多重浪费，甚至会失去市场先机。二者对品牌塑造的作用是不同的，广告只能让别人知道你，公关才能让别人喜欢你。

公关有助于创造良好的社会形象与企业声誉，创造品牌的美誉度。通过开展公关专门活动进行社会营销，这既是一种短线投资，又是一项长期投资。它可以与各种社会力量（如政府、行业协会、媒体、专家、消费者甚至竞争对手）建立良好的关系，使企业有一个良好的生长环境。尤其是企业通过社会公益事业资助，树立企业良好社会形象。这款产品创造了一个融入市场环境的良好机会，是公关营销的妙处。

企业在开展营销公关活动中，应采取灵活机动的策略，善于抓住最有效的策略手段，才能充分发挥公关的魅力，实现公关的目标。

一、选择最佳时机

好的开始是成功的一半，对公关活动的开展，选择最佳时机切入，就能够事半功倍。最佳时机可从六个方面着手。

（一）有市场需求而市场空白时

选择有市场需求而市场空白的时机展开公关活动，可以在竞争激烈的市场中脱颖而出，获取更多的关注和认可。在市场需求存在但竞争对手尚未介入的情况下，企业可以迅速占据先机，建立品牌优势，实现市场份额的快速增长。

举例来说，某企业在市场上发现了一种新型的健康饮品受到消费者的关注，但竞争对手尚未进入这一领域。该企业便抓住了这一市场空白，通过公关活动宣传该健康饮品的营养价值和健康理念，引发了广泛的关注和讨论。由于市场上尚未有类似产品的竞争，该企业很快就获得了较大的市场份额，成为该领域的领军企业之一。

在选择有市场需求而市场空白的时机时，企业可以通过市场调研和竞品分析，准确把握市场的需求状况和竞争格局。同时，企业需要充分挖掘产品或服务的独特优势，制定针对性的公关活动策略，加强与消费者的沟通和互动，以建立起品牌在市场中的地位和影响力。

（二）有事件发生时

在某些重大事件发生时，企业可以借助事件的热度展开公关活动，吸引更多的关注和话题讨论。通过与事件相关联的公关活动，企业可以将品牌与事件联系起来，提升品牌的曝光度和知名度，实现品牌形象的塑造和传播。

举例来说，某企业在某项国际赛事举办期间，推出了与该赛事相关的限量纪念产品，并通过公关活动展开宣传推广。该企业利用赛事的热度和关注度，吸引了大量消费者的注意力，成功提升了品牌在市场中的知名度和美誉度。同时，该企业还与赛事组织方合作，举办了一系列线上线下的活动，增强了与消费者的互动和交流，进一步巩固了品牌在消费者心中的地位。

在选择有事件发生的时机时，企业需要关注社会热点和事件动态，及时把握事件的发展趋势和影响范围。同时，企业需要制定符合事件主题和品牌定位的公关活动策略，确保公关活动与事件主题相契合，提升公关活动的话题性和传播效果。

（三）有重要节日来临时

重要节日的来临往往伴随着消费高峰和消费热情的提升，企业可以借助节日的契机开展公关活动，增加产品销量，提升品牌知名度。通过与节日相关的主题和活动相结合，企业可以吸引更多消费者的注意力，实现品牌与消费者之间的情感共鸣和互动。

举例来说，某品牌在圣诞节期间推出了一系列与圣诞主题相关的产品和活动，如圣诞限量礼盒、圣诞主题商场展示等。该品牌通过公关活动加强了与消费者的互动和沟通，吸引了大量消费者的关注和参与。同时，该品牌还通过线上线下的联动方式，提升了产品的销售量和品牌的影响力，实现了圣诞期间的营销目标。

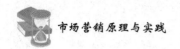

在选择重要节日来临的时机时，企业需要根据节日的特点和消费者的需求，制定相应的公关活动策略和营销方案。企业可以通过与节日相关的主题和活动相结合，打造具有节日氛围的产品和广告内容，提升产品的吸引力和购买欲望，实现节日期间的营销目标。

（四）当旺季来临时

旺季是指某些行业在一年中销售业绩最为突出的时期，企业可以在旺季来临时展开公关活动，加强产品推广和销售促进。通过与旺季相关的主题和活动相结合，企业可以吸引更多消费者的关注和购买，提升产品的市场份额和品牌的竞争力。

举例来说，某家电企业在春节期间推出了特别定制的"新春礼包"，并通过公关活动在各大电商平台和线下门店进行推广。该企业利用春节消费旺季的时机，针对消费者对家庭生活、团圆与幸福的需求，设计了符合春节氛围的产品和活动，吸引了大量消费者的关注和购买。同时，该企业还通过线上抢购活动、线下门店体验活动等方式，增加了产品的曝光度和销售量，成功提升了品牌在春节期间的市场份额和美誉度。

在选择旺季来临的时机时，企业需要充分了解所处行业的旺季特点和消费者的购买习惯，制定针对性地公关活动策略和营销方案。企业可以通过与旺季相关的主题和活动相结合，提升产品的吸引力和竞争力，加强与消费者的互动和沟通，从而实现旺季期间销售业绩的快速增长和品牌形象的塑造。

（五）当市场竞争程度较弱时

选择市场竞争程度较弱的时机展开公关活动，可以在市场中占据先机，提升品牌在消费者心目中的地位和影响力。在市场竞争程度较弱的情况下，企业可以更加轻松地吸引消费者的注意力，推动产品销售和品牌推广。

某新兴品牌在某一细分市场发现了尚未有竞争对手进入的市场空白，便抓住了这一机会展开了一系列的公关活动。该品牌通过线上线下的整合营销，加强了与消费者的互动和沟通，快速提升了品牌的知名度和美誉度。由于市场上竞争程度较弱，该品牌成功吸引了大量消费者的关注和认可，成为该细分市场的领军品牌之一。

在选择市场竞争程度较弱的时机时，企业需要通过市场调研和竞品分析，准确把握市场的竞争格局和发展趋势。企业可以通过提升产品的品质和服务水平，加强与消费者的互动和沟通，建立起品牌在市场中的地位和竞争优势，实现市场份额的快速增长和品牌价值的提升。

（六）企业新产品上市或某某周年庆典时

选择企业新产品上市或某某周年庆典时展开公关活动，可以为产品的推广和品牌的宣传提供良好的契机。通过公关活动与新产品上市或周年庆典相结合，企业可以吸引更多消费者的关注和参与，提升产品的知名度和美誉度，实现产品销售和品牌形象的双赢。

某知名品牌在某某周年庆典之际，推出了全新升级版的产品系列，并通过一系列公关活动进行推广。该品牌利用周年庆典的契机，展示了自身的发展历程和品牌价值观，增强了与消费者的情感共鸣和认同感。同时，该品牌还通过线上线下的联动方式，提升了产品的曝光度和销售量，成功实现了产品上市和品牌形象的双提升。

在选择企业新产品上市或某某周年庆典的时机时，企业需要充分挖掘产品的独特优势和品牌的历史积淀，制定符合企业特点和消费者需求的公关活动策略。企业可以通过线上线下的整合营销，加强与消费者的互动和沟通，提升产品的知名度和美誉度，实现产品销售和品牌形象的双赢。

二、抓住重大事件

事件营销是近年来国内外十分流行的一种公关传播与市场推广手段，集新闻效应、广告效应、形象传播、客户关系于一体，并为新产品推介、品牌展示创造机会，建立品牌识别和品牌定位，形成一种快速提升品牌知名度与美誉度的营销手段。20世纪90年代后期，互联网的飞速发展给事件营销提供了巨大契机。通过网络，一个事件或者一个话题可以更轻松地进行传播和引起关注。通过策划、组织和利用具有名人效应、新闻价值以及社会影响的人物或事件，引起媒体、社会团体和消费者的兴趣与关注，以求提高企业或产品知名度、美誉度，树立良好企业形象，并最终促成产品或服务的销售目的的手段和方式。

一次轰动的事件在人们心目中会产生难以磨灭的印象。要善于抓住企业内外的事件，顺势造势，会产生奇效。企业应充分利用各种机会策划新闻事件，引起

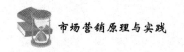

新闻单位的注意并争取它们给予报道，以此达到宣传企业及产品的目的。

三、依靠名人效应

如果企业活动与名人、明星有紧密联系，就有极高的新闻价值，并能吸引媒体以保证活动的效果。如企业公共关系的从业人员本身社会关系广泛，或本身就是演员、运动员等，企业就会有很高的知名度。

（一）与名人建立紧密联系

在企业公关活动中，与知名的明星、专家或社会名人建立紧密的合作关系是一种常见且有效的策略。通过邀请这些具有影响力的人物作为活动的代言人、形象大使或嘉宾出席，企业可以借助他们的影响力和号召力吸引更多的关注和参与，从而提升活动的曝光度、知名度和影响力。

与名人建立紧密联系的关键在于建立良好的合作关系。企业需要认真筛选合适的名人合作对象，确保其与企业的价值观和品牌形象相契合。这种合作关系应该是双向的，既能够满足名人的个人需求和利益，又能够实现企业公关活动的宣传目标。通过与名人的紧密合作，企业可以借助名人的影响力和号召力，为品牌建立良好的形象和口碑，提升产品的知名度和市场竞争力。

此外，企业还需要制定合适的合作方案和策略，确保合作活动的顺利开展和实现预期效果。在合作过程中，企业需要充分尊重名人的意见和建议，保持沟通和协调，共同推动合作活动的进展。同时，企业还应该加强与名人的关系维护，建立长期稳定的合作伙伴关系，为未来的合作打下良好的基础。

（二）利用企业从业人员的社会关系

企业的公共关系从业人员通常是企业与外界沟通和联系的桥梁，他们具有广泛的社会关系和人脉资源，这为企业的公关活动提供了重要的支持和保障。利用企业从业人员的社会关系，可以有效地实现名人效应的发挥，从而提升企业活动的曝光度和影响力。

首先，企业的公共关系从业人员通常具有丰富的社交圈和人际网络，可以轻松地与各行各业的名人、专家或社会名人建立联系和沟通。通过与这些具有影响力的人物进行合作或邀约，企业可以借助其社会关系和人脉资源，实现名人效应的发挥，吸引更多的关注和参与。

其次，企业的公共关系从业人员通常了解企业的品牌定位和公关需求，能够为企业量身定制合适的合作方案和策略。他们可以根据企业的实际情况和活动需求，精准地选择合适的名人合作对象，并制定有效的合作计划和执行方案，以确保活动的顺利开展和达到预期效果。

最后，企业的公共关系从业人员还可以通过与名人的合作或邀约，扩大企业的社会影响力和美誉度。通过与知名人士的合作，企业可以借助其影响力和号召力，为品牌建立良好的形象和口碑，提升产品的知名度和市场竞争力。

（三）运用企业内部的名人资源

在企业公关活动中，充分利用企业内部的名人资源是一种非常有效的策略。如果企业内部有演员、运动员或其他具有一定知名度和影响力的员工，那么可以将他们的资源和人脉充分发挥出来，为企业的活动增加名人效应，从而提升活动的知名度和关注度。

首先，企业内部的名人资源通常具有较高的可信度和认可度。这些员工可能在自己的领域取得了一定的成就或拥有一定的粉丝群体，他们的言行举止往往能够引起公众的关注和认同。通过利用这些名人员工的资源和影响力，企业可以为活动赋予更强的号召力和吸引力，吸引更多的目光和关注。

其次，企业内部的名人资源能够为活动增添独特的个性化元素。这些员工可能具有独特的人格魅力或专业技能，他们的参与可以为活动增添特色和亮点，使其与众不同，更容易引起公众的兴趣和注意。通过与这些名人员工的合作，企业可以为活动注入更多的创意和情感，提升活动的感染力和吸引力。

最后，利用企业内部的名人资源还可以节省企业的宣传成本。相比外部名人的邀约和合作，企业内部的名人资源更容易获取和利用，成本相对较低。通过充分利用企业内部的名人资源，企业可以实现宣传效果最大化的同时，控制活动成本，提升企业的宣传效率和竞争力。

四、协助全民活动

借助艺术、体育、环保或社会责任的名义开展全民活动具有非商业性质，所以容易受到重视而具有新闻价值，不仅能塑造企业形象，还能增强消费者信心。

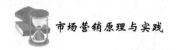

（一）借助艺术开展全民活动

艺术作为一种强大的文化载体，具有能够触动人心、引发共鸣的力量。借助艺术的名义开展全民活动不仅能够展现企业的社会责任感和文化品位，还能够提升企业形象，增强消费者的信心和认同感。企业可以通过举办艺术展览、音乐会、戏剧表演等形式的活动，吸引广大群众的参与和关注，营造积极向上的社会氛围，为社会文化建设贡献一份力量。此外，艺术活动还可以成为企业与消费者、员工等利益相关方进行互动和交流的平台，促进彼此之间的沟通与理解，增强企业的社会影响力和公众形象。

（二）借助体育开展全民活动

体育活动具有强大的凝聚力和感染力，能够将人们聚集在一起，促进身心健康，增强社会凝聚力。借助体育的名义开展全民活动不仅能够提升企业形象，还能够激发人们的参与热情，培养健康的生活方式，推动社会和谐发展。企业可以通过赞助体育赛事、举办健身活动、组织公益跑等方式，引导员工和社会大众积极参与体育运动，弘扬体育精神，传递正能量。同时，体育活动还可以成为企业品牌传播的有效途径，通过体育赛事的直播和报道，提升企业的知名度和美誉度，增强消费者对企业的信任和认同。

（三）借助环保或社会责任开展全民活动

环保和社会责任是企业发展的重要组成部分，也是企业与社会共同发展的关键因素。借助环保或社会责任的名义开展全民活动不仅能够传递企业的环保理念和社会责任感，还能够引导公众关注环保和社会公益事业，共同参与到环保和社会责任活动中来。企业可以通过组织环保公益活动、开展社会扶贫项目、支持教育事业等方式，积极履行企业社会责任，推动社会公益事业的发展，树立良好的企业形象。同时，借助环保或社会责任的全民活动还能够凝聚企业内部员工的团队力量，增强员工的集体荣誉感和归属感，促进企业内部和谐发展。

五、参与热点话题讨论

当社会生活涌现重大主题或观念更新时，企业可针对社会关心的热点问题参与辩论，展示企业的胆识与灵感，表明企业造福人类的态度，提高企业知名度，容易引起公众关注，起到宣传效果。如在报刊上协办大讨论，与电视台合办交通问题讨论，使人们通过关注媒体转为关注企业。

（一）参与有争议的争论：展示企业的胆识与灵感

当社会生活涌现重大主题或观念更新时，企业可以选择积极参与有争议的争论，以展示其在社会问题上的立场和态度。通过参与辩论，企业有机会展现自身的胆识和智慧，向公众展示其对于社会议题的深刻思考和解决方案，从而树立企业的领导力和社会责任感。企业可以选择在报刊上协办大型讨论活动，或者与电视台合办专题讨论节目，通过这些平台向公众传递企业的声音和观点，引导公众对于特定议题进行思考和讨论。通过积极参与有争议的争论，企业不仅可以提高自身的知名度和声誉，还能够吸引公众的关注，实现品牌宣传的效果。

（二）展示企业造福人类的态度：积极参与社会议题讨论

参与有争议的争论不仅是展示企业胆识和灵感的机会，更是表明企业对于社会问题的关注和态度。企业可以选择关注社会热点问题，并就相关议题展开深入思考和讨论，通过发表观点和提出解决方案，向公众展示企业秉持的价值观和社会责任感。企业可以选择参与公益活动、支持慈善事业，或者发起社会倡议，以实际行动向社会传递企业造福人类的态度和愿景。通过积极参与社会议题的讨论和行动，企业不仅可以提升自身的形象和声誉，还能够为社会发展和进步做出积极贡献。

（三）提高企业知名度：利用媒体平台引发公众关注

企业参与有争议的争论还可以有效提高企业的知名度和影响力。通过选择适合的媒体平台，如报刊、电视台等，企业可以将自身观点和观点与公众分享，引发公众的关注和讨论。企业可以借助媒体平台举办讨论会议、发表专题文章、制作专题节目等形式，向公众传递企业的声音和观点，引导公众对于特定议题进行深入思考和探讨。通过媒体平台引发公众关注，企业可以有效提升知名度，拓展影响力，实现品牌宣传的效果，从而为企业的发展和壮大奠定良好基础。

六、紧跟潮流

不入潮流是无法吸引大众的，商业卖点经常抓住流行之潮，在短期内获取高额利润。所以流行也是企业公关聚集的内容，要积极投身并拉动流行趋势，达到

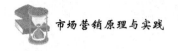

宣传企业的效果。

（一）积极投身并拉动流行趋势：借助赛车活动提升知名度

企业可以通过积极参与和组织流行的社会活动，来抓住流行趋势，提升企业的知名度和品牌影响力。例如，某汽车制造厂可以发起组织赛车爱好者协会，定期举办使用本厂出品的赛车比赛。通过这种方式，企业不仅能够在社会上造成广泛的影响，吸引更多的赛车爱好者和观众，刺激赛车销售，还能够提高本企业和该产品的知名度。赛车活动作为流行的体育娱乐项目，能够吸引大量观众和媒体关注，为企业提供宣传和曝光的机会，从而实现品牌宣传的目的。

（二）创新营销策略：与流行趋势相结合

企业在跃入流行之潮时，还应该注重创新营销策略，与流行趋势相结合，以更好地吸引目标受众和消费者。除了举办赛车比赛外，企业还可以通过赛车相关的社交媒体活动、赛车主题的线下活动等方式，与流行趋势相结合，为产品和品牌打造更多元化的宣传渠道和体验方式。通过创新营销策略，企业可以更好地与消费者进行互动和沟通，增强品牌的认知度和吸引力，从而实现品牌的持续发展和壮大。

第四节　数字营销与社交媒体营销

一、数字营销的特点与优势

（一）精准定位

数字营销通过精准定位技术，使得企业能够更加准确地将营销信息传达给目标受众，从而提高营销效率和转化率。这种精准定位的实现主要依赖于数据分析和用户行为追踪的方法。

首先，数字营销通过数据分析，深入了解用户的搜索习惯。通过分析用户在搜索引擎上输入的关键词、浏览的网页内容以及点击的链接，企业可以了解用户的搜索兴趣和偏好爱好。例如，当用户在搜索引擎上搜索特定产品或服务时，企业可以将相关的广告信息显示给这些用户，提高广告的相关性和吸引力。

其次，数字营销还通过用户行为追踪，深入分析用户的兴趣爱好和购买行为。通过跟踪用户在互联网上的浏览记录、购物车内容以及购买历史，企业可以了解用户的消费习惯和偏好。例如，当用户在购物网站上浏览某种类型的产品时，企业可以向这些用户推荐相关的产品或提供促销活动，从而提高用户的购买意愿和转化率。

综合以上两点，数字营销可以实现对目标受众的精准定位。企业可以根据用户的搜索习惯、兴趣爱好和购买行为，将营销信息精准地传递给感兴趣的用户群体，提高营销效率和转化率。这种精准定位不仅有助于企业更好地理解目标受众的需求和偏好，还能够为其提供个性化的营销服务，增强用户体验和满意度。

（二）低成本

相较于传统的广告宣传方式，数字营销的低成本优势是显而易见的。首先，数字营销可以通过网络平台进行推广，免去了传统广告所需的印刷、发布等费用。传统广告在制作、印刷、发布等环节需要大量的人力、物力和时间成本，而数字营销则可以通过互联网平台直接进行广告投放，省去了这些传统广告所需的制作和发布费用，大大降低了营销的成本。

其次，数字营销具有投放预算灵活调整的特点，进一步降低了营销成本。在传统广告中，一旦确定了广告的制作和发布计划，往往需要固定的预算，并且无法灵活调整。而在数字营销中，企业可以根据实际情况随时调整广告投放的预算和策略，根据广告效果进行及时调整和优化，避免了资源的浪费，提高了营销效益。

这种低成本的特点使得数字营销成为中小型企业实现品牌推广和市场拓展的有效途径。相较于传统广告所需的高昂成本，数字营销的低成本使得中小型企业也能够通过网络平台实现广告宣传，增强了其在市场竞争中的竞争力。通过数字营销，中小型企业可以以更少的资金投入，实现更广泛的广告覆盖和更高的广告效益，从而加速品牌的建立和市场的拓展，促进企业的长期发展。

（三）高效率

数字营销以其高效率的特点，成为企业在市场竞争中获取优势的重要工具。首先，数字营销的快速反应和传播速度快，是其高效率的核心特征之一。通过互联网平台，企业可以迅速发布营销信息，利用社交媒体等渠道实现信息的快速传播和扩散。相比传统的广告方式，数字营销可以在更短的时间内触达更多的目标受众，迅速提高品牌的曝光度和知名度。其次，数字营销的高效率体现在实时互动和即时反馈的能力上。在数字营销中，企业可以通过社交媒体、网站等平台与用户进行实时互动，及时了解用户的需求和反馈。通过收集用户的评论、留言以及行为数据，企业可以迅速调整营销策略，优化产品或服务，提升用户体验，从而提高营销效率和用户满意度。这种及时反馈机制帮助企业更加灵活地应对市场变化，做出更加准确的决策，提高了营销活动的针对性和有效性。最后，数字营销还可以通过数据分析和量化评估实现高效率。通过网络平台提供的数据分析工具，企业可以清晰地了解营销活动的效果，包括点击率、转化率、用户行为等指标。通过对这些数据进行分析和评估，企业可以发现问题、发掘机会，并及时调整营销策略，优化营销效果。这种数据驱动的营销方式能够帮助企业更加精准地了解市场需求和用户行为，提高了营销活动的效率和投资回报率。

（四）易量化

数字营销通过网络平台提供的数据分析工具，实现对营销效果的实时监测和量化分析。这种数据化的监测和分析能够帮助企业更加直观地评估营销活动的成效，进而指导未来的营销策略和决策。首先，数字营销通过各种数据分析工具，可以清晰地了解营销活动的关键指标，如点击率、转化率、用户行为等。这些数据能够直观地反映出营销活动的效果和影响力，帮助企业了解用户的行为偏好和消费习惯，从而优化营销策略，提高转化率和销售额。其次，数字营销还可以实现对用户反馈的及时收集和分析。通过社交媒体、网站留言、线上调查等方式，企业可以收集用户对产品或服务的意见和建议，了解用户的满意度和需求状况。这些用户反馈数据对于企业改进产品、提升服务质量具有重要的参考价值，有助于提升用户体验和品牌声誉。最后，数字营销还可以监测和分析竞争对手的活动。通过监测竞争对手的广告投放、社交媒体活动等，企业可以了解竞争对手的营销策略和行动，及时调整自己的策略，保持竞争优势。

二、社交媒体在营销中的应用与策略

（一）选择合适的社交媒体平台

1.考虑目标受众的特点和行为习惯

不同的社交媒体平台吸引着不同特点和行为习惯的用户群体。因此，在选择社交媒体平台时，必须深入了解目标受众的特点和偏好。首先，企业需要对目标受众的人口统计信息进行分析，包括年龄、性别、地域、收入水平等。例如，Instagram 和 TikTok 主要吸引年轻用户，而 LinkedIn 则更受职场人士欢迎。其次，对目标受众的使用行为进行研究也至关重要。一些社交媒体平台更适合浏览图像和视频内容，如 Instagram 和 YouTube；而另一些则更适合文本和链接分享，如 Twitter 和 LinkedIn。最后，企业需要了解目标受众的兴趣和偏好。通过分析他们关注的主题、参与的活动以及与之互动的方式，可以更好地确定哪些平台能够最好地吸引和保持他们的注意力。综合考虑以上因素，企业可以有针对性地选择社交媒体平台，以确保营销活动能够最大程度地触达目标受众。

2. 分析行业特点和竞争对手情况

除了目标受众的特点外，企业还需要考虑所处行业的特点和竞争对手在各社交媒体平台上的活动情况。

首先，企业应该了解所处行业的特点，包括行业规模、发展趋势、主要竞争对手等。不同行业可能在不同的社交媒体平台上有着不同的表现和影响力。例如，时尚行业在视觉类社交媒体平台上的活动可能更为频繁和引人注目，而技术行业则更倾向于在专业平台上分享行业动态和技术见解。

其次，企业需要对竞争对手在各社交媒体平台上的活动情况进行分析。通过观察竞争对手的内容发布频率、互动情况以及粉丝数量等指标，可以了解哪些平台对于行业内的品牌推广更为有效。

最后，还可以借鉴竞争对手的成功经验和失败教训，以优化自身的社交媒体策略。综合考虑行业特点和竞争对手情况，企业可以选择与自身品牌和产品相契合，并且能够更好地吸引目标受众的社交媒体平台。

3. 考虑内容形式和传播方式

企业需要考虑自身的营销内容形式和传播方式，以选择合适的社交媒体平台进行发布和传播。首先，企业需要确定所发布内容的形式，包括文字、图片、视频等。不同的社交媒体平台支持的内容形式各有特点。例如，Instagram 和 Pinterest 更适合图片和视频内容，而 Twitter 和 LinkedIn 则更适合文字和链接分享。其次，企业需要考虑内容的传播方式。一些社交媒体平台更注重用户之间的互动和分享，如 Facebook 和 Twitter；而另一些则更注重内容的发现和推荐，如 You-

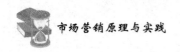

Tube 和 TikTok。企业应该根据自身的营销目标和传播策略选择合适的平台，以确保内容能够被目标受众广泛传播和分享。

（二）制定精准的营销策略

1. 目标明确，策略具体

在制定社交媒体营销策略时，企业首先需要确立明确的营销目标，并将其细化为具体的执行步骤。例如，如果企业的主要目标是提升品牌知名度，那么可以通过增加社交媒体的关注度、提高品牌在用户心目中的认知度等方式来实现。如果目标是增加产品销量，可以采取发布产品促销信息、推出限时优惠活动等策略。如果目标是增强用户互动，可以通过举办线上互动活动、开展用户调查、回复用户评论等方式来实现。明确的目标可以帮助企业更有针对性地选择营销手段和内容创作方案，从而提高营销效率和达成目标的可能性。

2. 结合数据分析和用户反馈

企业在制定营销策略时，应充分利用数据分析工具和用户反馈信息。通过数据分析，企业可以深入了解用户的行为习惯、兴趣爱好、消费偏好等，从而更准确地把握用户需求。同时，通过用户反馈，企业可以及时了解用户对产品或服务的评价和建议，发现问题并及时进行调整。结合数据分析和用户反馈，企业可以制定更具针对性和个性化的营销策略，提升用户满意度和参与度。

3. 不断创新，及时调整

社交媒体环境的变化速度很快，用户的需求和行为也在不断演变。因此，企业在制定营销策略时应保持创新意识，不断探索新的营销手段和方式。可以通过尝试新的内容形式、开展创意活动、参与热门话题等方式来吸引用户注意。同时，及时调整策略也非常重要，企业需要密切关注社交媒体平台的变化和用户反馈，发现问题并及时作出调整。只有保持灵活性和敏锐度，企业才能在竞争激烈的社交媒体环境中保持竞争优势。

（三）加强用户互动和沟通

1. 及时回复和互动

社交媒体平台是用户与企业之间进行交流和互动的主要渠道之一。因此，企业应该及时回复用户的评论、私信和提问，以保持与用户的良好沟通和互动。及时的回复不仅能够解决用户的疑问和问题，还能够增强用户对品牌的认同感和信任度。通过积极互动，企业可以建立起与用户之间更加紧密的联系，促进品牌形象的塑造和维护。

2. 发布用户参与活动

举办用户参与活动是增强用户互动和沟通的有效方式之一。通过投票、问卷调查、用户 UGC 比赛等活动，可以激发用户的参与欲望，增强用户的参与感和忠诚度。用户参与活动不仅能够拉近品牌与用户之间的距离，还能够增加用户对品牌的好感度和忠诚度。此外，用户参与活动还可以为企业提供宝贵的用户反馈和市场调研数据，帮助企业更好地了解用户需求和市场趋势，优化营销策略和产品服务。

3. 创造有趣的内容和话题

发布有趣、新颖、引人入胜的内容和话题是吸引用户关注和参与的关键。在社交媒体上，用户倾向于关注那些能够吸引自己注意力的内容和话题，因此，企业应该不断创造具有吸引力的内容和话题，以增加用户互动和沟通的频率和深度。这可以包括发布有趣的视频、图片、短篇故事，或是引发讨论和分享的话题等。通过创造有趣的内容和话题，企业可以吸引更多的用户关注和参与，提升品牌在社交媒体上的曝光度和影响力。

第六章

销售与客户关系管理

第一节 销售管理与销售过程

一、销售管理的基本原则与流程

（一）销售管理的基本原则

销售管理是企业管理中的重要组成部分，其基本原则包括但不限于：

1. 客户导向

客户导向是销售管理的核心理念之一，其重要性在于将客户置于经营活动的中心地位。这意味着企业需要深入了解客户的需求、偏好和期望，不断调整和改进产品或服务，以满足客户的需求。客户导向的实现需要建立起全员参与的企业文化，从高层管理者到销售人员，都应该将客户利益放在首位，不断追求客户满意度的提升。

2. 目标导向

目标导向是指企业在制定销售管理策略和计划时应明确具体的销售目标，并制定相应的实施方案。这包括销售额、市场份额、客户满意度等多个方面的目标。明确的目标有助于引导销售团队的工作方向，提高工作的针对性和有效性。此外，目标导向还需要将销售目标与企业整体战略和目标协调一致，确保销售活动的顺利实施和达成。

3. 团队合作

团队合作是销售管理成功的重要保障之一。在竞争激烈的市场环境下，一个优秀的销售团队能够协同合作，充分发挥团队成员的优势，共同应对市场挑战，实现销售目标。建立协作共赢的销售团队需要注重团队文化的建设，提高团队成员之间的信任和沟通效率，同时建立有效的激励机制，激发团队成员的积极性和创造力。只有团结一致、齐心协力，销售团队才能取得更好的业绩。

（二）销售管理流程

典型的销售管理流程包括：

1.市场调研与客户分析

市场调研与客户分析是销售管理流程的第一步，其目的在于全面了解市场需求和竞争环境，深入分析客户群体和行为特征。这包括对市场规模、增长趋势、竞争对手、市场细分、目标客户群体等方面进行调查和研究。通过市场调研和客户分析，企业可以获取到关键的市场信息，为后续销售计划的制定提供有力支持。

2.销售计划制定

在市场调研和客户分析的基础上，企业需要制定具体的销售计划和策略。销售计划制定的过程包括明确销售目标、确定销售策略、制定销售预算、安排销售任务等内容。销售计划应具体可行，明确各项指标和责任人，以便后续实施和监控。同时，销售计划还需要与公司整体战略和目标相一致，确保销售活动的有效性和战略性。

3.销售组织建设

销售组织建设是销售管理流程中的关键环节，其目的在于建立高效的销售团队，确保销售流程的顺畅进行。销售组织建设包括确定销售组织架构、配置销售人员、培训销售人员、建立销售管理制度等方面。建立良好的销售团队需要注重人才选拔和培养，建立激励机制，加强团队沟通和协作，以提高销售团队的整体绩效和竞争力。

二、销售过程中的关键环节与技巧

（一）销售前期准备

1.客户分析与定位

客户分析与定位是销售前期准备的重要环节，它有助于企业深入了解目标客户群体的需求和行为特征，为后续销售活动提供重要依据。

（1）深入了解客户需求和行为特征

在进行客户分析时，企业需要通过各种渠道搜集客户信息，包括客户的行业背景、购买行为、偏好和需求等。通过分析这些信息，可以更好地了解客户的真

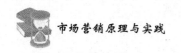

实需求，为后续的销售活动提供有针对性地解决方案。

（2）明确目标客户群体

根据客户分析的结果，企业需要明确目标客户群体，即最有可能购买企业产品或服务的客户群体。这有助于企业将资源集中在最具潜力的客户群体上，提高销售的效率和成功率。

2.产品知识与竞争分析

产品知识与竞争分析是销售前期准备的另一个关键方面，它有助于销售人员充分了解所销售的产品或服务，同时也需要对竞争对手进行全面的分析和了解。

（1）熟悉所销售的产品或服务

销售人员需要全面了解所销售的产品或服务的特性、优势、功能以及使用方法等方面的知识。只有对产品或服务有深入地了解，销售人员才能够更好地向客户展示产品或服务的价值和优势，从而提高销售的成功率。

（2）了解竞争对手的优势和劣势

除了了解所销售的产品或服务外，销售人员还需要对竞争对手进行全面地分析和了解。这包括竞争对手的产品或服务特点、价格、市场占有率、销售策略等方面。通过竞争分析，销售人员可以更好地制定销售策略，应对竞争挑战，提高企业在市场上的竞争力。

（二）销售技巧与沟通能力

1.建立信任关系

（1）真诚与专业

在与客户的交流中，真诚地表达对客户的关注和诚意，同时展现专业的知识和技能。通过了解客户的需求并提供专业建议，树立良好的企业形象，增强客户对企业的信任感。

（2）积极倾听

倾听是建立信任关系的重要环节。销售人员应该耐心倾听客户的需求、意见和反馈，充分理解客户的立场和诉求，并在此基础上提供个性化的解决方案。

（3）承诺与信守

在销售过程中，销售人员应该诚实地对待客户，避免夸大宣传或虚假承诺。只有信守承诺，才能赢得客户的信任，建立长期稳定的合作关系。

2.有效沟通技巧

（1）倾听能力

倾听是沟通的重要技巧之一。销售人员应该耐心倾听客户的需求和意见，了解他们的关注点和痛点，以便为其提供更好的解决方案。

（2）表达能力

良好的表达能力可以帮助销售人员清晰地传达信息，表达产品或服务的优势和价值。销售人员应该简洁明了地表达自己的想法，并通过故事、案例等方式生动形象地展示产品或服务的特点。

（3）说服能力

说服是销售过程中的关键技能之一。销售人员需要通过理性和情感上的说服，使客户认可产品或服务的价值，并愿意与企业进行合作。

（三）销售后期跟进与服务

1.及时跟进

（1）客户反馈收集

在销售过程中，及时收集客户的反馈和意见是非常重要的。销售人员应该建立起有效的反馈机制，通过电话、邮件、线上调查等方式主动收集客户的反馈信息，了解客户的满意度和需求变化。

（2）解决问题与答疑

在跟进过程中，客户可能会提出各种问题和疑虑。销售人员应该及时回复客户的问题，解决客户的疑虑，提供专业的建议和解决方案，以增强客户对企业的信任感和满意度。

（3）定期回访

销售人员应该建立定期回访机制，定期与客户进行沟通和交流，了解客户的最新需求和反馈意见，及时调整销售策略和服务方案，保持与客户的密切联系。

2.售后服务

（1）产品安装与培训

在销售产品后，销售人员应该提供产品安装和使用培训等售后服务，帮助客户顺利使用产品，提高产品的使用价值和客户满意度。

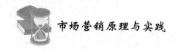

（2）维护与保养

定期进行产品维护和保养是保证产品正常运行的关键。销售人员可以提供产品维护服务，包括定期检查、保养、维修等，确保产品的长期稳定运行，提升客户的满意度和忠诚度。

（3）投诉处理与问题解决

如果客户在使用过程中遇到问题或出现投诉，销售人员应该及时响应，认真听取客户意见，积极解决问题，确保客户满意度，维护良好的客户关系。

第二节　销售人员培训与激励

一、销售人员培训的难点

（一）销售人员培训成本极高

销售人员的培训费用十分庞大，这是一个众所周知的事实。用"时间就是财富"这个说法来形容销售人员的工作绝不为过。销售业务从来没有所谓的"淡季"，而是一年四季都在紧锣密鼓地进行。尽管销售人员的工作时间相对更加灵活，不像生产和管理人员那样需要严格的考勤，但是，他们的时间常常不受控制，因为他们的办公地点就在客户那里。所以，其他部门都尽量避免"打扰"销售人员，尽可能简化行政工作。由于销售人员通常分布在全国各地，因此组织销售人员进行培训，尤其是线下集中培训，不仅涉及时间成本和差旅费用，还可能导致销售人员因为参加培训而错失签单的机会，这是培训部门无法承受之重。

（二）销售人员参加培训的动力不足

就销售人员的考核激励机制而言，企业普遍"以结果论英雄"，完成订货、回款等硬性指标是销售人员安身立命之本，参加培训往往被认为是舍本逐末。不仅销售人员对培训缺乏动力，其直接上级亦是如此，他们更为关注的是团队能否完成公司下达的订货目标，培训会不会影响销售人员跑市场。公司高层领导关注销售人员能力提升，但是对推动实施培训缺乏持久信心，因为培训部门无法提供确凿证据证实销售培训的投资收益，仅凭参训人数、培训人数和培训满意度，显然无法获得高层领导的资源支持。

同时，对于销售工作的固有思维也制约了学习动力。销售经理都是从销售精英中提拔的，由此形成了一个根深蒂固的观念，认为销售人员不是培训出来的，而是在战斗中摔打出来的，是通过直觉和经验积累而成长的。

（三）销售人员培训资源匹配难度大

销售人员培训资源的匹配难度不容小觑。通常，培训部门善于提供通用能力培训，讲师们带来的先进管理理念和工具方法可以在不同领域间实现跨界迁移，学员们也常能从中获益匪浅。然而，销售工作所面临的行业壁垒却显著突出，例如 TOC 业务销售技能与 TOB 业务无法相提并论，日用品销售与电力设备销售所面对的客户群截然不同。如果请来外部专家授课，他们可能过于理论化，与实际销售工作脱节；如果案例脱离行业实践，培训课程便只会成为一场空谈，听者只会感到热闹，却无法获得实际效果。

内部专家多为销售经理和销售骨干，他们的专业能力固然强大，但是总结提炼能力有限，而且他们作为培训讲师的时间和精力也相当有限。他们分享的经验往往局限于表面的华而不实的报告会，无法真正带给学员们实质性的帮助。另外，销售人员的能力水平参差不齐，各有所长也各有所短，这就使得确定培训内容和选择培训讲师变得异常困难。

二、销售人员培训策略及方法

（一）强引导：健全成长机制，促进专家育成

1. 规划销售人员专业成长通道

建立"销售新人、销售员、中级销售工程师、高级销售工程师、资深销售专家"的五级任职资格标准，明确职责定位、绩效要求、技能标准、工作经验等。明晰销售人员职业成长全景图，开展任职资格评价，帮助销售人员找准差距不足，明确成长方向，实现专业精进。

2. 完善销售人员的考核激励机制

打破"唯结果论"，丰富销售人员考核激励维度，任职资格评价等级与收入部分挂钩，引导销售人员在拿订单的同时注重个人职业能力成长，以及个人销售经验输出。

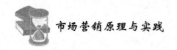

3.设计销售人员学习地图

以销售序列任职资格标准为基础，科学规划培训进度，明确阶段性学习内容、学习形式、学习对象、学习动力等，结合实际业务，形成训战结合的学习路径闯关图，实现持续学习、进阶学习、受控学习。

（二）备课程：内外结合内部为主，建设销售课程库

1.销售培训课程品类

销售培训课程的品类包括通用课、专项课和选修课，旨在健全公司的销售培训体系，满足不同层次、不同需求的销售人员的培训需求。

（1）通用课

通用课是基于公司战略和岗位职责，稳定性较强的通用能力提升培训。通用课的内容主要涵盖销售专业知识、技能、公司知识和环境知识等方面。这些课程旨在为销售人员提供全面而系统的基础培训，使他们能够熟悉公司的销售流程、产品知识，掌握销售技巧，提高销售绩效。通用课的开设有助于统一销售团队的知识水平和工作标准，提升整体销售业绩。

（2）专项课

专项课是基于公司变革、业务需求和问题痛点，实效性较强的定制培训。这些课程针对公司特定的业务挑战或需求，以解决实际销售工作中遇到的问题为导向，为销售人员提供具体、针对性的培训内容。专项课的开设有助于针对性地提升销售团队在特定领域或任务上的专业能力，解决实际销售工作中的难题，提高销售绩效。

（3）选修课

选修课是指的基于销售工作特点和员工个人需求，提升综合素质的培训。这些课程旨在为销售人员提供个性化的培训选择，根据个人职业发展需要或兴趣爱好，自主选择适合自己的课程进行学习。选修课的开设有助于激发销售人员的学习兴趣，促进个人职业发展，增强综合素质。

2.开发课程资源

销售培训课程的资源开发涉及内部和外部资源的充分利用，以确保课程内容的丰富性和质量。

（1）内部资源开发

对于销售业务中的通用技能或公司特有的专业技能，可以通过内部开发的方式提供培训资源。这些课程可以由公司内部的专业人员或销售团队共同开发，以确保课程内容的贴近实际业务需求和工作场景。此外，内部资源开发还可以结合公司的销售数据和案例进行深度剖析，提炼出符合公司特色的培训内容。

（2）外部资源引进

对于行业普遍的销售专业技能或公司无法提供的特定培训需求，可以引进外部成熟的培训课程资源。这些课程可以是来自行业内具有丰富经验的专家或培训机构提供的课程，也可以是通过与外部专家合作共同开发的定制课程。引进外部资源可以有效弥补公司内部资源的不足，丰富培训内容，增强培训效果。

（三）建师资：以上率下开发讲师，内外结合提升质量

1. 让管理者成为讲师、教练

直接上级是员工成长的第一责任人。销售经理需要"讲好课程、育好新人、带好团队"。讲好课程，就是销售经理将自己专业成长经验提炼总结为课程，在公司范围内讲授。育好新人，就是销售经理辅导团队新人快速融入独立开展工作。带好团队，就是销售经理提升领导力，因地制宜完善考核激励，充分发挥团队成员潜力，提升队伍战斗力。公司对销售经理开展培训技术、教练技术、绩效管理专业培训，跟进培训后实施情况，纳入销售经理考核。

2. 让销售骨干成为培训师

将培训他人、知识共享等纳入销售序列任职资格标准，牵引销售人员自动自发输出课程、案例、经验等。公司提供专业培训支持，组织资格认证，建设销售业务内训师队伍。

3. 加大专家智囊支持力度

引进外部专家、讲师，借鉴行业成熟经验做法，快速提升内部人员素质。培训部门通过焦点访谈、资料查阅等方式开发销售专家典型案例，节省销售人员时间精力，充分发挥培训部门专业价值，树立良好品牌形象。

（四）精管理：优化全流程管理，控制成本强化跟进

培训前，明确目标，完善项目设计。以项目管理的方式开展培训工作，首先应明确培训目标，体现为学员训后改变什么态度、完成什么任务、解决什么问

题等，确保可观察、可评价，培训目标即训后验收评价标准。培训内容、形式围绕培训目标进行设计，要求聚焦问题、激活旧知、论证新知、验证新知、融会贯通，确保培训成果实践转化可行、易行。开展项目动员，让学员知晓培训预期收益、项目任务要求，以便学以致用。

培训中，紧盯目标，优化过程管理。培训项目实施时，组建微信学习社群，召开培训启动会，公司领导提出学习要求，引起学员关注。针对销售人员地处分散集中难成本高的问题，知识讲授类课程，学员线上自学，完成打卡任务，提高线下集中培训学习效率，最大限度减少对学员工作的影响。线下集中培训60%的时间为研讨、交流、演练。培训期间，学员出勤、参与讨论、作业提交等均量化积分，营造争先氛围，调动学习热情。培训项目结束，按培训积分进行排名，优秀学员给予奖励。

培训后，强化跟进，确保目标达成。培训结束一周内，学员向直接上级汇报学习收获，结合实际工作，明确改进优化点，和直接上级共同制定 IDP（Individual Development Plan 个人发展计划），三个月内，学员完成 IDP 自评，直接上级评价、辅导。培训部门调研培训成果落地情况，征集意见建议，综合评价优秀学员和管理者，同时，从优秀作业中挖掘典型案例，进行二次开发和经验萃取，纳入内部知识库。

（五）造氛围：以赛促训以战代训，落地成果扩大影响

完善培训活动策划，以考促学以赛促训。结果导向，策划个体及群体之间竞赛竞技活动，丰富形式，浓厚氛围。纸笔测试验证学员线上自学成效，以及知识掌握程度。通过上机考试测试办公软件操作等技能的应用能力，让学员能够在实际工作中有效地运用所学知识和技能，提高整体培训效果。现场竞答测试知识水平和心理素质，增加竞技感和趣味性。答辩评审考察学员综合运用知识储备和个人实战经历解决新挑战、完成新目标的思维能力。模拟演讲或演示模拟产品介绍、客户沟通场景，考察学员知识水平及灵活应变能力。

加强培训参与感和能见度，扩大培训品牌影响力。培训实施的过程，也是积累培训成果，建立品牌影响力的过程，培训部门要因势利导，做好宣传工作，争取公司对培训工作的关注和支持。培训成果汇报、技能比武、比赛拉链等活动关键环节邀请公司高层领导担任评委，参与感能够让公司高层领导切身感受培训氛

围，增进了解提升关注度。培训结束，培训部门汇编学员成果汇报、学员 IDP、案例等书面材料，形成培训项目总结，让公司高层领导全面了解培训成果价值，这比干巴巴的统计数据更有说服力和震撼力。

三、销售激励机制的设计与实施

（一）销售人员激励机制的设计

销售人员激励机制的设计是企业管理中的重要组成部分，直接影响到销售团队的积极性、工作动力和绩效表现。一个合理有效的激励机制可以帮助企业吸引和留住优秀的销售人员，提高销售绩效，推动企业业务的发展。激励机制的设计需要考虑到销售人员的个体差异、工作特点以及企业的战略目标，因此，需要综合考虑多种因素，制定出符合实际情况的激励方案。

1. 奖励制度设计

在激励销售人员方面，奖励制度扮演着核心角色，通过各种奖励方式激发销售人员的工作热情和创造力，从而促进销售业绩的提升。

奖励制度的核心内容包括销售业绩奖金、提成制度和销售排名奖励等。首先，销售业绩奖金是一种常见的奖励方式，它根据销售人员达成的销售目标或实际业绩水平发放相应的奖金。这种奖金制度能够直接激励销售人员努力工作，追求更高的销售业绩。其次，提成制度也是常见的奖励方式之一，它将销售人员的收入与其完成的销售业绩挂钩，表现为销售额的一定比例。提成制度能够激发销售人员的积极性，因为他们的收入直接与自己的努力成果相关联。最后，销售排名奖励是一种非金钱性的激励方式，通常表现为表彰销售人员在团队中的出色表现，比如"最佳销售员""销售冠军"等荣誉称号，或者是提供额外的福利待遇，如旅游奖励、培训机会等。这种奖励方式能够激发销售人员的竞争意识和团队荣誉感，促使他们更加努力地工作，争取更好的业绩。

在设计奖励制度时，需要充分考虑销售人员的不同岗位安排和工作性质，确保奖励标准和考核指标的公平公正。此外，奖励制度应该与公司的战略目标和销售预期相一致，以确保激励措施能够有效地推动销售业绩的提升。在实施奖励制度时，还需要建立完善的奖励评定机制和考核体系，及时对销售人员的表现进行评价和反馈，以保证奖励制度的公平性和有效性。

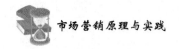

2. 晋升机制建立

晋升机制是企业激励销售人员的重要手段之一，除了经济奖励外，通过建立明确的晋升通道和晋升标准，能够为销售人员提供明确的晋升路径和发展机会，从而激励其持续学习和提升自我能力。

在建立晋升机制时，首先需要明确晋升通道和晋升标准。晋升通道指的是销售人员在企业内部的职业晋升路径，包括从初级销售员到高级销售代表、销售主管、销售经理等不同层级的晋升路径。而晋升标准则是衡量销售人员是否具备晋升资格的标准，通常包括销售业绩、工作经验、专业能力、团队协作等方面的评估指标。其次，晋升机制应该与销售人员的绩效表现、工作经验和能力水平挂钩。这意味着销售人员需要通过良好的业绩表现、丰富的工作经验和不断提升的专业能力，才能够获得晋升的机会。晋升机制的建立应该注重公平公正，避免任人唯亲或者排斥异己的情况发生，确保每一位符合晋升条件的销售人员都有机会获得晋升。最后，晋升机制还应该注重对销售人员的职业发展提供支持和指导。企业可以通过培训、导师制度、职业规划等方式，帮助销售人员不断提升自身的专业能力和管理水平，从而更好地适应晋升后的工作需求。

3. 培训与发展支持

为了激发销售人员的个人发展潜力和提升工作绩效，企业需要提供全面的培训与发展支持，为销售人员创造学习成长的平台和机会。

首先，专业培训是提升销售人员综合素质和专业能力的重要途径之一。通过组织针对性的专业培训课程，如销售技巧、沟通能力、客户服务等方面的培训，销售人员可以不断学习和掌握行业最新的销售理论和技能，提升自身的竞争力和业绩表现。

其次，技能提升课程也是培训与发展支持的重要内容之一。销售工作需要具备一定的专业技能，包括谈判技巧、客户管理、市场分析等方面的能力。通过组织针对性的技能提升课程，销售人员可以不断提升自己的专业技能，更好地应对复杂多变的市场环境和客户需求。

最后，参与行业会议和交流活动也是销售人员学习和发展的重要途径之一。通过参加行业内的会议、展览、研讨会等活动，销售人员可以了解行业最新的发展动态和趋势，与同行业的专业人士进行交流和分享经验，拓展自己的人脉关系，从而不断提升自己的专业水平和行业认知。

（二）销售人员激励机制的实施

销售人员激励机制的实施需要注重细节，确保各项激励政策和措施能够有效地落实到位，从而达到预期的激励效果。

1.激励政策制定

在制定销售人员激励机制之前，建立清晰明确的激励政策是至关重要的。这些政策应该包括各种奖励的标准、评定方式、发放周期等具体内容，同时明确激励政策的执行流程和责任部门，以确保激励政策的执行有序、规范，从而达到激励销售人员的有效目的。

首先，激励政策需要明确不同奖励的标准和评定方式。这包括制定销售业绩的具体指标，如销售额、销售数量、客户满意度等，以及确定达到这些指标所能获得的奖励种类和额度。激励政策应该根据不同的销售岗位和工作性质，设定相应的奖励标准，确保公平公正。

其次，激励政策还应规定奖励的发放周期和方式。确定奖励的发放周期，如季度奖、年度奖等，以及确定奖金的发放方式，如现金、福利、荣誉称号等，能够帮助销售人员明确奖励的获得周期和形式，增强其参与激励活动的积极性。此外，激励政策的执行流程也是至关重要的。需要明确各个环节的责任人和具体执行步骤，确保激励政策的执行过程规范有序。

最后，确定奖励标准的制定部门、奖励结果的评定部门、奖励的发放部门等，以及各部门之间的协作机制，保证激励政策的执行能够顺利进行。最后，激励政策的周期性评估和调整也是必要的。随着市场环境的变化和企业发展的需要，激励政策可能需要不断进行调整和优化，以确保其能够有效地激励销售人员，推动企业销售业务的持续增长。

2.激励方案宣传

通过多种渠道和方式向销售团队全面介绍激励方案的内容、目标和具体操作流程，能够有效激发销售人员的参与和积极性，从而提升整体销售绩效和团队凝聚力。首先，内部会议是宣传激励方案的重要途径之一。组织内部会议，邀请公司领导或相关部门负责人向销售团队介绍激励方案的背景、意义和重要性，详细解读各项奖励政策和规定，让销售人员全面了解激励方案的内容和目标，增强其参与的主动性和积极性。其次，通知公告也是宣传激励方案的重要手段。通过公司内部通讯平台、企业微信等渠道发布激励方案的相关公告和通知，简明扼要地介绍激励政策的主要内容和要点，提醒销售人员关注和参与，确保激励方案的宣传覆盖面和有效性。此外，培训课程也是宣传激励方案的有效途径之一。在销售团队的例行培训或专项培训课程中，将激励方案作为重要议题之一进行介绍和讨论，通过案例分析、经验分享等方式，让销售人员深入了解激励方案的具体操作流程和实施细节，增强其参与和执行的积极性和信心。

3. 绩效考核与反馈

在销售管理中，建立科学合理的绩效考核体系可以帮助企业全面评估销售人员的工作表现，从而为他们提供及时的反馈和奖励，激励他们不断提升工作绩效，实现个人和团队的发展目标。

首先，绩效考核体系应该具有科学性和客观性。通过设立明确的考核指标和评价标准，确保考核过程公正公平，避免主观因素对评价结果的影响。考核指标可以包括销售业绩、客户满意度、销售技能和团队合作等方面，综合评价销售人员的整体表现。

其次，绩效考核需要定期进行，以确保及时有效地了解销售人员的工作表现。可以设立月度、季度或年度考核周期，根据不同的考核周期对销售人员进行评估和反馈。及时的考核反馈可以帮助销售人员了解自己的优势和不足之处，及时调整工作方向和提升工作效率。

最后，绩效考核过程中的反馈和奖励也至关重要。通过给予积极的反馈和奖励，可以激励销售人员继续努力工作，增强其工作动力和满意度。反馈可以是口头表扬、书面评价或个别沟通，重在指出销售人员的工作亮点和改进空间，提供具体的改进建议和支持。

第三节 客户关系管理概述

一、客户关系管理的概念与重要性

（一）客户关系管理的概念

客户关系管理（Customer Relationship Management，CRM）是一种综合性的管理理念和方法，旨在通过科学、系统地管理客户关系，建立长期稳定的合作关系，从而实现客户需求与企业利益的最优匹配。它不仅仅是一种技术工具或软件系统，更是一种全方位的战略和运营理念，贯穿于企业的市场营销、销售、服务等各个环节。

首先，客户关系管理强调的是客户导向。它将客户置于经营的核心位置，以客户为中心，充分了解客户的需求、偏好和行为习惯，精准地满足客户的需求，建立起深度、持久的客户关系。通过不断深化对客户的了解，企业可以更好地把握市场动态，调整营销策略，提升产品和服务质量，从而赢得客户的信任和忠诚。

其次，客户关系管理强调的是系统性和科学性。它不仅仅是单一的销售或服务活动，而是一个系统化的管理过程。企业需要建立完善的客户数据库和信息管理系统，系统地收集、整理和分析客户信息，以便更好地了解客户需求和行为，有针对性地开展营销和服务活动。同时，客户关系管理还需要建立健全的流程和规范，确保各个环节的协同配合，提升整体的运营效率和服务质量。

最后，客户关系管理注重的是长期性和稳定性。它不仅仅关注单次交易或短期利益，更重视与客户的长期合作与共赢。通过建立良好的客户关系，企业可以实现客户的持续满意和忠诚，从而降低客户流失率，提升客户生命周期价值。长期稳定的客户关系还能够为企业带来稳定的现金流和持续的业绩增长，增强企业的市场竞争力和抗风险能力。

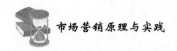

（二）客户关系管理的重要性

1.提升客户满意度

客户满意度不仅直接影响客户的购买行为，还能够影响客户的口碑推广和品牌忠诚度，进而影响企业的市场地位和盈利能力。因此，通过客户关系管理，企业可以采取一系列措施，以提升客户满意度。

首先，企业需要深入了解客户的需求和期望。了解客户的需求是提升客户满意度的基础。企业可以通过市场调研、客户反馈调查等方式，收集客户的意见和建议，了解客户对产品和服务的期望，发现存在的问题和不足之处，为后续的改进提供依据。

其次，及时响应客户的反馈是提升客户满意度的关键。客户在购买产品或使用服务过程中，可能会遇到各种问题和困扰，如果企业能够及时响应客户的投诉和建议，并提供有效的解决方案，就能够有效地增强客户对企业的信任和满意度。

再次，提供个性化、高品质的产品和服务。客户的需求和偏好各不相同，因此企业需要根据客户的特点和需求，提供个性化的产品和服务。个性化的产品和服务能够更好地满足客户的需求，提高客户的满意度和忠诚度。

最后，企业还可以通过建立良好的沟通渠道和客户关系管理系统，加强与客户的沟通和互动，及时了解客户的动态和反馈，进一步提升客户满意度。通过持续的沟通和互动，企业能够更好地理解客户的需求，建立良好的合作关系，提高客户的满意度和忠诚度。

2.提高客户忠诚度

在竞争激烈的市场环境下，建立良好的客户关系能够有效增强客户对企业的信任和依赖，从而提高客户的忠诚度。

首先，建立良好的客户关系是提高客户忠诚度的基础。企业需要通过持续的沟通和互动，加强与客户之间的联系，了解客户的需求和期望，及时解决客户的问题和困扰，从而建立起稳固的合作关系。

其次，提供优质的产品和服务是提高客户忠诚度的关键。客户选择企业的产品或服务，首先是因为其满足了客户的需求和期望，因此企业需要不断提升产品和服务的质量，保证其能够持续地满足客户的需求。

再次，建立有效的客户奖励和激励机制。通过给予客户积分、优惠折扣、生日礼品等方式，激励客户持续购买企业的产品或服务，增强客户的忠诚度。

最后，定期进行客户满意度调查和反馈收集，及时了解客户的需求和反馈，调整和优化企业的产品和服务，以满足客户的需求，增强客户的忠诚度。

3. 增加客户口碑

在当今竞争激烈的市场环境中，良好的口碑对于企业的品牌建设和市场拓展至关重要。通过客户关系管理，企业可以积极培育和维护良好的客户关系，从而促使客户成为企业的品牌忠实粉丝，并将他们的满意度和信任转化为口碑推广，为企业带来更多的业务机会和市场份额。

首先，提供优质的产品和服务是树立良好口碑的基础。企业需要不断提升产品和服务的质量，满足客户的需求，超越客户的期望，以赢得客户的信任和认可。

其次，积极倾听客户的声音和反馈，及时解决客户的问题和投诉，建立良好的沟通和互动机制。只有真正关心客户，了解客户的需求和诉求，才能建立起稳固的客户关系，促使客户成为品牌的忠实支持者。

再者，注重客户体验也是赢得口碑的重要策略。企业需要从客户的角度出发，不断优化产品和服务，提升客户的体验感受，让客户在使用企业产品或服务的过程中感受到便捷、舒适和愉悦。另外，积极引导客户参与品牌建设和产品创新，让客户成为企业的合作伙伴和参与者。通过开展客户调研、参与产品测试、分享用户体验等方式，激发客户的参与热情，增强客户对企业的归属感和认同感，从而促使客户更愿意向他人推荐企业的产品或服务。

最后，建立有效的奖励机制，激励客户积极参与口碑推广。企业可以通过给予客户优惠折扣、礼品赠送、积分奖励等方式，鼓励客户分享自己的购买体验和产品评价，从而扩大口碑推广的影响范围，吸引更多潜在客户的关注和信赖。

二、客户关系管理对企业长期发展的影响

（一）增强竞争优势

1. 建立差异化的市场定位

良好的客户关系管理有助于企业根据客户需求和偏好制定个性化的营销策

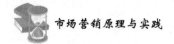

略，从而与竞争对手区分开来，建立差异化的市场定位。通过了解客户的需求、喜好和购买行为，企业可以针对性地提供产品和服务，满足客户的需求，赢得客户的青睐，从而形成独特的竞争优势。

2. 提升服务质量和客户体验

良好的客户关系管理可以促使企业提升服务质量和客户体验，从而吸引更多客户并提高市场竞争力。通过及时响应客户需求、提供个性化的解决方案、改进产品质量和售后服务，企业可以不断提升客户满意度，树立良好的企业形象，赢得市场竞争的主动权。

3. 建立强大的品牌声誉

通过建立良好的客户关系，企业可以树立良好的品牌声誉，提升品牌的影响力和美誉度。良好的口碑和客户推荐可以帮助企业吸引更多潜在客户，扩大市场份额，增强市场竞争力。同时，建立强大的品牌声誉还可以降低市场营销成本，提高市场营销效率，为企业的长期发展创造更有利的条件。

（二）实现持续盈利

1. 稳定的现金流来源

良好的客户关系有助于企业形成稳定的现金流，保证企业的日常运营和发展。稳定的客户关系意味着稳定的销售收入，有助于企业应对市场变化和风险，保持盈利能力。

2. 提高客户忠诚度和回购率

良好的客户关系可以增强客户对企业的信任和依赖，使客户更倾向于选择企业的产品或服务。忠诚的客户不仅会持续购买企业的产品或服务，还会积极推荐给其他潜在客户，为企业带来更多的业务机会和口碑推广。因此，良好的客户关系可以提高客户的忠诚度和回购率，实现持续盈利。

3. 降低营销成本

良好的客户关系可以降低企业的市场营销成本，提高市场营销效率。通过与现有客户建立长期稳定的合作关系，企业可以降低客户开发和维护成本，减少市场推广和广告费用，从而实现盈利最大化。

（三）提高品牌影响力

1.增强品牌认知度

良好的客户关系管理对于企业品牌的认知度至关重要。通过积极维护客户关系、提供优质的产品和服务，企业可以树立良好的企业形象，赢得客户的信任和认可，从而提高品牌的知名度和美誉度。

首先，通过与客户建立密切的联系和互动，企业可以加深客户对品牌的了解和认知。通过及时有效地回应客户的需求和反馈，提供个性化的服务体验，企业能够赢得客户的好感和信任，进而促使客户对品牌有更深入的认知。这种积极的互动和沟通有助于将企业的品牌形象深入人心，提升品牌的认知度。

其次，提供优质的产品和服务是提升品牌认知度的关键因素之一。优质的产品和服务不仅能够满足客户的需求，还能够赢得客户的口碑和推荐。当客户对企业的产品和服务感到满意时，他们往往会愿意与他人分享这种满意度，从而扩大了品牌的影响范围。通过口碑推广，企业的品牌认知度得以进一步提升，影响力也得到了加强。

最后，积极参与社会公益活动和品牌推广活动也是提升品牌认知度的重要手段之一。通过参与公益活动，企业不仅可以传递正能量，树立良好的社会形象，还能够扩大品牌的曝光度，提升品牌的认知度。同时，通过策划创意性的品牌推广活动，如线上线下活动、广告宣传等，企业能够吸引更多的目标客户关注，从而提高品牌的知名度和美誉度。

2.吸引更多客户和资源

良好的客户关系不仅可以提升客户的忠诚度，还可以促使客户成为品牌的忠实支持者和传播者。这种口碑推广是一种强大的营销方式，具有高信任度和影响力。

客户的口碑推广往往比企业自身的宣传更具有说服力。当客户对企业的产品或服务感到满意时，他们往往会愿意向他人推荐，分享自己的良好体验。这种口口相传的方式可以让信息在社交网络中快速传播，吸引更多的潜在客户的关注和兴趣。通过客户口碑的传播，企业可以实现更广泛的市场覆盖，吸引更多的目标客户，增加业务机会。

此外，客户推荐也是一种有效的客户获取途径。当现有客户向他们的朋友、

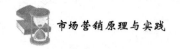

家人或同事推荐企业的产品或服务时，这些潜在客户往往会因为已有客户的推荐而更加倾向于选择企业。这种口碑推广的方式不仅能够吸引更多的潜在客户，还可以提高客户的信任度和购买意愿。通过客户推荐，企业可以实现更多的销售机会，增加市场份额，实现持续的业务增长。

第四节　客户满意度与忠诚度管理

一、客户满意度与忠诚度的评价方法

对客户满意度与忠诚度的评价是企业管理中至关重要的一环。为了全面了解客户的需求和对企业的态度，企业需要采用多种评价方法，从不同的角度对客户满意度和忠诚度进行评估。

（一）定性评价方法

1. 访谈

访谈作为一种直接与客户进行面对面交流的重要方式，在客户关系管理中扮演着至关重要的角色。其深度和广度使其成为企业了解客户真实感受、洞察客户需求和期望的有效途径。在进行访谈时，企业可以通过有针对性地提问，倾听客户的意见和建议，并及时获取反馈，以便更好地优化产品和服务，提升客户满意度和忠诚度。

一方面，访谈可以是个别的一对一交流，这种形式可以让客户更加自由地表达个人意见和需求。企业可以通过与客户的个别交流，深入了解客户的个性化需求和独特体验，从而为其量身定制更符合其期望的解决方案。此外，个别访谈也有助于建立更为密切的关系，增强客户对企业的信任感和归属感。

另一方面，访谈也可以是集体的小组讨论形式，例如焦点小组讨论。在这种情境下，企业可以邀请一组客户一同参与讨论特定话题或问题，从而获得更多元化、广泛化的反馈和见解。焦点小组讨论能够促进客户之间的互动和碰撞，从而激发更多的创意和建议。这种方式也有助于客户之间的交流和互动，增进彼此之间的信任和黏性。

通过与客户的深入交流，企业可以更加全面地了解客户的需求和期望，及时发现和解决存在的问题，不断提升产品和服务的质量和水平。因此，访谈作为客户关系管理中的重要工具之一，对于企业建立良好的客户关系，提升客户满意度和忠诚度，具有不可替代的作用。

2. 深度访谈

深度访谈作为一种更为深入的交流方式，在企业与特定客户或关键客户之间的沟通中发挥着至关重要的作用。相比于一般的访谈形式，深度访谈更加注重对客户需求的细致挖掘和理解，旨在深入探讨客户的真实感受、期望和诉求，以便为企业提供更加精准和有针对性的服务和解决方案。

在进行深度访谈时，企业通常会选择特定的客户或关键客户，这些客户可能是企业的重要合作伙伴、高价值客户或具有代表性的客户群体。通过针对这些客户的深入交流，企业可以更全面地了解客户的需求和期望，把握客户的痛点和诉求，从而更好地满足客户的个性化需求。

深度访谈的一个重要特点是其探讨的问题更深层次和具体化。在访谈过程中，企业可以针对特定的议题或话题展开深入探讨，比如产品或服务的特定功能、使用体验、改进建议等。通过深入了解客户的反馈和建议，企业可以为产品和服务的优化提供更加具体的方向和建议，从而提升产品和服务的质量和竞争力。

此外，深度访谈还有助于建立更为密切和稳固的客户关系。在深度访谈中，企业向客户展示了对其需求和反馈的高度重视，体现了企业对客户的关注和关怀。客户也会因此感受到被重视和被尊重，增强对企业的信任和忠诚度，进而促进长期合作关系的建立和发展。

3. 焦点小组讨论

作为一种集体性的讨论方式，焦点小组讨论在企业与客户之间的沟通中扮演着重要的角色。通过邀请多个客户或用户就特定话题展开讨论和交流，焦点小组讨论能够汇集到来自不同客户群体的意见和看法，为企业提供多维度的反馈和建议，从而为企业的产品和服务提供更加全面和精准的改进方向。

一种常见的焦点小组讨论形式是邀请具有代表性的客户或用户参与讨论。这些客户可能来自不同的背景、具有不同的需求和偏好，他们的意见和看法能够更好地代表整个客户群体的声音。通过集体性的讨论，企业可以更深入地了解客户的需求和期望，把握客户的共性和差异性，为产品和服务的优化提供更加全面和精准的建议。

在焦点小组讨论中，企业通常会选择特定的话题或议题，以便更好地引导讨论的方向。这些话题可能涉及产品功能、服务体验、价格策略、市场定位等方面，旨在深入探讨客户的真实感受和需求。通过开展这些有针对性地讨论，企业可以更好地了解客户的期望和诉求，发现产品和服务存在的问题，并及时采取措施进行改进。

此外，焦点小组讨论还能够促进客户之间的交流和互动。在讨论过程中，客户可以分享彼此的使用经验、感受和建议，相互借鉴和启发，从而形成更为密切的客户社区和用户生态系统。这种集体性的讨论氛围不仅有助于增强客户对企业的认同感和归属感，还能够促进客户之间的互动和合作，推动企业的产品和服务不断优化和提升。

（二）定量评价方法

1. 问卷调查

卷调查作为一种常用的客户评价方法，在企业与客户之间的沟通和交流中扮演着至关重要的角色。通过向客户发放结构化问卷，收集客户的反馈意见和评价数据，企业可以更全面地了解客户的满意度和忠诚度水平，把握客户的需求和期望，从而有针对性地改进产品和服务，提升客户体验和企业竞争力。

问卷调查的设计和实施是关键的一步。首先，企业需要明确调查的目的和内容，确定调查的重点和范围，以确保问卷能够全面覆盖客户的关注点。其次，问卷的设计应当科学合理，问题应该清晰明了，避免主观性和模糊性，以保证客户能够准确理解并回答问题。最后，问卷的题目应当有序排列，逻辑性强，便于客户理解和填写。此外，问卷调查的样本选择也是至关重要的，企业需要根据实际情况选择合适的调查对象，确保样本的代表性和可信度。

在实施问卷调查的过程中，企业需要注意提高问卷的回收率和有效性。可以采取多种方式，如邮寄纸质问卷、线上调查等，以便客户能够方便快捷地填写问卷。最后，企业还可以采用奖励机制或激励措施，吸引客户参与问卷调查，提高回收率和数据质量。

问卷调查的结果分析和应用也是至关重要的环节。企业需要对问卷收集到的数据进行系统分析和整理，发现客户的需求和问题，并及时采取措施进行改进。同时，企业还可以将问卷调查的结果与其他数据进行对比分析，发现潜在的关联性和规律性，为企业的决策提供更加科学的依据。

2. 客户满意度调查

客户满意度调查是企业管理中至关重要的一环，通过系统地了解客户对产品和服务的感受和评价，有助于企业及时发现问题、改进服务，提升客户满意度和忠诚度，从而增强竞争力和持续发展。首先，客户满意度调查需要专门设计调查表，确保覆盖到客户感兴趣的各个方面。常见的调查内容包括产品质量、价格合理性、售后服务、交付速度、沟通效率等。这些方面反映了客户对企业整体运营的感受和评价，是评价企业服务质量的重要指标。其次，客户满意度调查需要定期进行，以跟踪客户满意度的变化趋势。客户的需求和期望可能随时间和市场环境的变化而发生改变，因此，定期进行满意度调查有助于企业及时了解客户的动态变化，及时调整服务策略，保持服务水平的稳定和持续提升。

在进行客户满意度调查时，企业需要确保调查内容的全面性和准确性。调查内容应该涵盖客户最为关注的方面，同时避免过多或冗余的问题，以确保客户能够专注和真实地表达自己的意见和建议。首先，调查表的设计应该简洁明了，问题清晰具体，避免模糊或歧义，以确保客户能够准确理解并回答问题。其次，客户满意度调查的结果分析和应用也至关重要。企业需要对调查结果进行系统分析和整理，发现客户的满意度痛点和问题，并及时采取改进措施进行解决。最后，企业还可以将调查结果与其他数据进行对比分析，发现潜在的关联性和规律性，为企业的战略决策提供更加科学的依据。

（三）行为评价方法

1. 购买行为分析

购买行为分析在客户关系管理中扮演着重要的角色，它通过对客户的购买行为进行系统分析，帮助企业更好地理解客户需求、提升客户满意度和忠诚度。首先，购买频率是购买行为分析的重要指标之一。高频率的购买行为通常意味着客户对企业的产品或服务比较满意，并且愿意频繁地选择企业的产品或服务。这反映了客户的忠诚度较高，对企业而言是一个积极的信号。通过分析购买频率，企

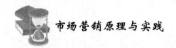

业可以识别出忠诚度较高的核心客户群体，重点关注他们，并通过个性化服务提升其忠诚度。

其次，购买金额也是购买行为分析的重要指标之一。较高的购买金额可能意味着客户对企业的产品或服务有较高的认可度，并且愿意投入更多的金钱来购买。

因此，对购买金额较高的客户进行重点关注和服务是非常重要的，可以通过提供高端定制化服务或者专属礼遇来增强其满意度和忠诚度。

最后，购买产品类别也是购买行为分析的重要内容之一。通过分析客户购买的产品类别，企业可以了解客户的偏好和需求，为产品策略和市场定位提供参考。针对不同产品类别的购买行为，企业可以开展个性化的营销活动，提升客户的购买意愿和满意度。

2. 投诉行为分析

投诉行为分析在客户关系管理中具有重要的意义，它是帮助企业了解客户满意度和忠诚度的重要工具之一。通过跟踪和分析客户的投诉行为，企业可以及时发现并解决客户存在的问题，从而提升客户满意度，增强客户忠诚度。

首先，投诉次数是投诉行为分析的重要指标之一。较多的投诉次数通常表明客户对企业的产品或服务存在较多的不满意之处，可能涉及产品质量、服务态度、交付延误等方面的问题。企业应该对投诉次数较多的客户进行重点关注，并及时采取措施解决问题，以减少客户的不满情绪，提升其满意度和忠诚度。

其次，投诉内容也是投诉行为分析的重要内容之一。通过分析投诉内容，企业可以了解客户具体的不满意原因和问题所在，从而有针对性地采取改进措施。例如，如果投诉内容主要集中在产品质量方面，企业可以加强产品质量管理和检验，提升产品质量水平；如果投诉内容涉及服务态度问题，企业可以加强员工培训，提升服务质量和专业水平。

最后，企业还可以通过投诉行为分析发现潜在的问题和改进空间。通过对投诉原因的深入分析，企业可以发现存在的制度性问题或管理漏洞，并及时采取措施进行改进和优化，提升整体服务水平和客户体验。

3. 再购买行为分析

再购买行为分析在企业客户关系管理中扮演着至关重要的角色。这一分析可以为企业提供深入了解客户忠诚度和购买意愿的视角，从而指导企业制定相应的市场策略和服务改进方案。

首先，再购买行为是客户忠诚度的重要体现。当客户选择再次购买企业的产品或服务时，往往意味着他们对企业的认可和信赖程度较高。这种忠诚度体现了客户与企业之间的稳固关系，有助于建立长期稳定的客户基础。因此，通过分析再购买行为，企业可以评估客户的忠诚度水平，并制定相应的维系客户计划，提升客户满意度，促进持续购买行为的发生。

其次，再购买行为也反映了客户对产品或服务的满意程度。如果客户满意度较高，他们很可能会选择再次购买企业的产品或服务。因此，通过分析再购买行为，企业可以了解客户对产品或服务的实际使用体验和感受，发现产品或服务存在的问题，并及时进行改进和优化。这种持续的改进过程有助于提升产品质量和服务水平，增加客户的再次购买意愿。

最后，再购买行为分析还可以为企业提供市场竞争力的参考依据。通过比较不同客户群体的再购买行为，企业可以了解自身产品或服务在市场中的地位和竞争优势，发现潜在的市场机会和威胁。这有助于企业制定差异化营销策略，提升产品或服务的竞争力，吸引更多客户进行再次购买。

二、提升客户忠诚度的策略与实施步骤

提升客户忠诚度是企业实现长期发展的关键之一。为了有效提升客户忠诚度，企业可以采取以下策略和实施步骤：

（一）建立客户关系管理体系

1.客户数据库建设

在建立客户数据库的过程中，企业需要考虑以下几个层次的内容：

（1）数据采集和整合

企业首先需要确定需要收集的客户信息类型，包括基本信息（如姓名、联系方式、地址）、交易记录、消费偏好、行为习惯等。这些信息可以通过多种渠道收集，包括线上购物网站、实体店销售系统、客户调研等。随着数据的积累，企业需要建立起数据整合的机制，将不同渠道、不同部门收集的数据进行统一整合，确保数据的准确性和完整性。

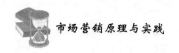

（2）数据存储和管理

建立客户数据库需要选择合适的存储和管理方式。传统的客户数据库可以采用关系型数据库管理系统（如 MySQL、Oracle 等），也可以选择使用大数据技术来构建数据仓库和数据湖，实现海量数据的存储和高效管理。无论采用何种方式，企业都需要建立健全的数据安全和权限管理机制，确保客户信息的保密性和完整性。

（3）数据分析和挖掘

建立客户数据库不仅是为了收集客户信息，更重要的是通过数据分析和挖掘发现潜在的商业价值。企业可以利用数据挖掘技术和机器学习算法，从海量的客户数据中提取有用的信息和规律，发现客户群体的特征和行为模式，预测客户的需求和行为趋势，为企业的决策提供数据支持。

2. 客户分类管理

在对客户进行分类管理时，需要考虑以下几个层次的内容：

（1）客户分类指标的选择

企业在进行客户分类管理时，需要选择合适的分类指标，常用的指标包括客户价值、购买频率、忠诚度、地理位置等。这些指标可以根据企业的实际情况和业务需求进行选择，以确保客户分类的准确性和有效性。

（2）客户分类方法的确定

在选择了分类指标之后，企业需要确定客户分类的方法。常用的客户分类方法包括基于价值的分类、基于行为的分类、基于地理位置的分类等。不同的分类方法适用于不同的业务场景，企业需要根据实际情况选择合适的分类方法。

（3）客户分类模型的构建

在确定了客户分类指标和方法之后，企业可以利用数据分析和统计建模技术构建客户分类模型。通过对历史客户数据的分析和挖掘，可以发现不同客户群体的特征和行为规律，从而建立起客户分类模型，实现客户的自动分类和管理。

3. 客户跟进管理

客户跟进管理在企业客户关系管理中扮演着至关重要的角色。它不仅是建立和维护客户关系的重要环节，也是提升客户满意度和忠诚度的有效途径之一。通过定期与客户进行沟通、回访，了解其需求和反馈，企业可以及时发现并解决问题，从而增强客户的满意度和忠诚度。

客户跟进管理的核心在于建立有效的沟通机制。企业可以通过电话、邮件、短信等多种方式与客户进行沟通，了解其近况、需求和反馈。这种及时有效的沟通可以增进企业与客户之间的互动，加深彼此的了解，促进关系的密切发展。

首先，客户跟进管理还包括客户回访和服务支持。企业可以定期对客户进行回访，了解其对产品和服务的使用情况和满意度，及时解决存在的问题，提供必要的服务支持。通过回访，企业可以表达对客户的关心和重视，增强客户对企业的信任和认可，从而提升客户的忠诚度。

其次，客户跟进管理也需要建立客户反馈的收集和处理机制。企业可以设立专门的客户反馈渠道，鼓励客户提出意见和建议，及时处理客户的投诉和反馈，改进产品和服务质量。通过积极响应客户的反馈，企业可以树立良好的企业形象，赢得客户的信赖和支持。

最后，客户跟进管理需要建立完善的记录和分析体系。企业可以通过客户关系管理系统等工具记录客户的沟通和反馈情况，进行数据分析和挖掘，发现客户的行为规律和偏好，为个性化服务和精准营销提供数据支持。通过对客户行为和反馈数据的分析，企业可以更好地了解客户需求，提升服务水平，增强客户满意度和忠诚度。

（二）个性化定制服务

1. 了解客户需求

通过对客户进行调研和数据分析，企业可以深入了解客户的需求和偏好，从而为其量身定制产品和服务，提升客户满意度和忠诚度。了解客户需求的过程涉及多方面的调查和分析，旨在确保企业对客户的需求有全面地了解，以下是其中的几个关键方面：

第一，企业可以通过调查客户的购买历史来了解其需求。分析客户过去的购买行为，包括购买频率、购买金额、购买产品类别等，可以揭示客户的消费习惯和偏好，为企业提供定制化服务的依据。通过对购买历史的分析，企业可以了解客户的消费趋势，预测其未来的需求，从而提前满足客户的需求，增强客户满意度。

第二，了解客户的偏好产品是了解客户需求的重要途径之一。通过调查客户对不同产品的偏好程度，企业可以了解客户对产品特性、品质、功能等方面的偏好，从而为客户提供更加符合其需求的产品。这包括对产品的外观、性能、价格等方面进行调查和分析，以确保企业生产的产品能够满足客户的需求和期望。

第三，了解客户的服务偏好也是了解客户需求的重要内容之一。客户对服务的满意程度直接影响其对企业的忠诚度和再购买意愿，因此，了解客户对服务的偏好和期望是企业提升服务质量的关键。通过调查客户对服务响应速度、服务态度、售后支持等方面的评价，企业可以发现服务存在的问题，及时进行改进，提升服务质量，增强客户满意度。

第四，了解客户的使用习惯也是了解客户需求的重要途径之一。通过调查客户对产品的使用频率、使用场景、使用习惯等方面的信息，企业可以了解客户对产品的实际使用情况，从而为其提供更加个性化的产品和服务。通过了解客户的使用习惯，企业可以发现产品存在的问题，及时进行改进，提升产品的适用性和便利性，增强客户的满意度和忠诚度。

2. 提供定制化解决方案

提供定制化解决方案是企业为满足客户个性化需求而采取的重要举措之一。这种方式要求企业根据客户的特定需求，量身定制产品和服务，以确保能够最大程度地满足客户的需求和期望。这种个性化定制通常涉及多个方面，包括产品设计、服务流程、售后服务等，需要企业与客户充分沟通和协作，以确保定制解决方案的质量和满意度。

第一，个性化定制的产品设计是提供定制化解决方案的核心。企业需要深入了解客户的需求和偏好，根据客户提出的要求，量身设计产品的外观、功能、性能等方面，以满足客户的个性化需求。这可能涉及定制化的产品规格、材料选择、生产工艺等方面，需要企业与客户密切合作，确保产品设计符合客户的期望和要求。

第二，个性化定制的服务流程也是提供定制化解决方案的重要组成部分。企业需要根据客户的特定需求，调整服务流程和流程设计，以确保能够为客户提供个性化的服务体验。这可能涉及服务流程的灵活性、响应速度的提高、服务内容的个性化定制等方面，需要企业建立灵活的服务机制，及时响应客户的需求变化，确保服务质量和客户满意度。

第三，个性化定制的售后服务也是提供定制化解决方案的重要环节。企业需要根据客户的实际需求，提供个性化的售后服务方案，包括产品维护、技术支持、培训服务等，以保障客户在使用产品过程中能够获得及时有效地支持和帮助。这可能涉及售后服务团队的建设、服务流程的优化、服务内容的个性化定制等方面，需要企业与客户保持密切沟通和协作，共同解决售后问题，提升客户满意度和忠诚度。

3. 持续优化服务

个性化定制服务并不是一成不变的，随着客户需求和市场环境的变化，企业需要不断调整和改进自己的产品和服务，以确保能够满足客户的不断变化的需求和期望。

首先，定期收集客户的反馈和建议是持续优化服务的重要途径之一。企业可以通过多种方式收集客户的反馈，包括定期发送满意度调查问卷、开展客户满意度调研、建立客户投诉处理渠道等。通过收集客户的反馈和建议，企业可以了解客户对产品和服务的评价，发现存在的问题和不足之处，及时进行改进和调整。

其次，不断优化产品和服务是持续优化服务的关键步骤之一。企业可以根据客户的反馈和建议，对产品和服务进行改进和优化。这可能涉及产品功能的更新升级、服务流程的优化调整、售后服务的改进提升等方面。通过持续优化产品和服务，企业可以提高产品的竞争力和市场份额，增强客户的满意度和忠诚度。

最后，保持与客户的密切联系也是持续优化服务的重要方式之一。企业可以通过定期举办客户活动、开展客户沙龙、建立客户交流平台等方式，与客户保持密切地沟通和联系。通过与客户的互动交流，企业可以更好地了解客户的需求和期望，及时调整和优化自己的产品和服务，提升客户满意度和忠诚度。

（三）建立忠诚度奖励机制

1. 设立积分奖励制度

积分奖励制度的运作机制通常是根据客户的购买金额和频次来积累相应的积分，客户可以在达到一定积分数额后，使用积分进行礼品兑换或享受优惠服务。这一制度通过直接的经济利益激励客户，从而增强客户的购买意愿和忠诚度。

第一，积分奖励制度能够有效地激发客户的购买欲望。通过设立积分制度，客户会在每次购买时积累相应的积分，这些积分的积累过程为客户创造了一种游

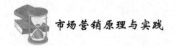

戏化的消费体验，增加了购买的乐趣和动力。客户在获得积分的同时也意识到了自身的消费行为所带来的实际回报，从而更加愿意选择企业的产品或服务。

第二，积分奖励制度有助于提升客户的忠诚度。随着客户购买金额和频次的增加，其所获得的积分数量也会相应增加，进而增强了客户对企业的忠诚度。客户在积累了一定数量的积分后，会形成一种"锁定效应"，更倾向于继续选择企业的产品或服务，以实现积分的最大化利用。

第三，积分奖励制度也为企业提供了精准营销的机会。通过分析客户的积分使用情况和消费行为，企业可以更加精准地了解客户的偏好和需求，从而有针对性地制定营销策略，推出符合客户需求的产品或服务，进一步提升客户满意度和忠诚度。

2. 发放优惠券和折扣

发放优惠券和折扣券作为一种常见的奖励方式，在客户关系管理中发挥着重要作用。这种方式不仅可以激励现有客户再次购买，还可以吸引新客户，增加品牌的曝光度和市场份额。

第一，定期向忠诚客户发放优惠券和折扣券可以有效提升客户的购买欲望和消费频率。这种优惠方式为客户提供了一种实际的经济利益，使得客户在购买产品或服务时感受到了实际的实惠和回报。通过优惠券和折扣券的发放，客户可以享受到相对更低的价格，从而更愿意选择企业的产品或服务，增加购买的动机和频率。

第二，优惠券和折扣券的发放也可以促进客户的忠诚度和满意度。作为一种额外的福利待遇，优惠券和折扣券的发放表明企业对客户的重视和关怀，增强了客户的归属感和忠诚度。客户在享受到这些优惠后，往往会对企业产生更深的信任和好感，从而更倾向于选择企业的产品或服务，形成稳定的购买行为。

第三，优惠券和折扣券的发放还可以扩大客户群体，提高品牌的曝光度。优惠券和折扣券通常可以被客户分享给朋友、家人或同事，从而吸引更多的潜在客户前来购买。这种口碑推广的方式不仅可以扩大品牌的影响力，还可以提高品牌在市场中的知名度和美誉度，为企业带来更多的商机和业务增长。

3. 赠送礼品和特权

赠送礼品和提供特权服务作为一种个性化的奖励方式，在客户关系管理中扮演着重要角色。这种方式不仅可以增强客户的满意度和忠诚度，还可以为企业赢得更多的口碑和长期稳定的客户关系。

第一，给予忠诚度较高的客户礼品或特权服务可以增强客户的归属感和满意度。客户在享受到企业提供的特别礼遇和服务后，会感受到被重视和关心的情感，从而增加对企业的好感和忠诚度。例如，企业可以定期向忠诚客户赠送生日礼品、节日礼品或纪念品，或者提供专属客服、专属活动邀请等特权服务，让客户感受到与众不同的待遇，加深对企业的认同和信任。

第二，赠送礼品和提供特权服务也可以增加客户对企业的忠诚度和黏性。在竞争激烈的市场环境中，客户往往面临着众多选择，而提供个性化的礼品和特权服务可以让客户感受到与企业的亲密联系和特殊待遇，从而增强对企业的忠诚度和黏性。客户在享受到这些特权和礼遇后，会更倾向于选择企业的产品或服务，并愿意与企业建立长期稳定的合作关系，从而为企业带来更多的稳定收入和持续增长。

第三，赠送礼品和提供特权服务还可以为企业赢得更多的口碑和良好的品牌形象。客户在享受到企业提供的特别礼遇和服务后，往往会感受到满意和愉悦，并愿意向他人分享自己的消费体验和感受。这种口口相传的方式不仅可以扩大企业的品牌影响力和知名度，还可以吸引更多的潜在客户，为企业带来更多的商机和增长机会。

第七章

国际市场营销

第一节　国际市场环境与机会

一、国际市场的特点与发展趋势

（一）国际市场的特点

1. 市场规模巨大

随着全球化的推进和科技的发展，国际市场的规模呈现出日益扩大的趋势。这种巨大的市场规模为企业提供了广阔的发展空间和机会。跨国企业可以在全球范围内开展业务，不再受限于地域和国界，有机会获取更多的市场份额。此外，互联网和物流技术的发展使得企业可以更便捷地进入国际市场，加速产品和服务的传播与销售。

2. 竞争激烈

国际市场竞争激烈，来自全球范围内的企业都在争夺有限的市场份额。随着全球化进程的不断加快，企业之间的竞争变得更加激烈和复杂。企业需要具备核心竞争力和创新能力，才能在激烈的竞争中脱颖而出。此外，不同国家和地区的企业之间也存在着不同程度的竞争，因此需要针对性地制定市场策略，以应对不同市场环境下的竞争挑战。

3. 文化多样性

国际市场涉及不同国家、不同地区的文化，企业在国际市场营销中需要考虑和应对文化的多样性。不同文化背景的消费者具有不同的价值观、生活习惯和购买行为，因此，企业需要根据目标市场的文化特点，制定差异化的市场营销策略。这包括产品设计、广告宣传、销售渠道等方面的差异化策略，以确保营销活动的有效性和成功。

（二）发展趋势

1. 数字化营销

随着互联网和移动互联网的普及，数字化营销成为国际市场营销的重要趋势。企业通过互联网、社交媒体等数字化渠道，实现精准营销和个性化推广。数字化营销具有成本低、覆盖广、反馈快等优势，可以帮助企业更准确地把握消费者需求，提高营销效率。同时，数字化营销也提供了更多的数据分析和监测手段，帮助企业及时调整营销策略，提高市场竞争力。

2. 跨境电商的兴起

跨境电商成为企业拓展国际市场的重要渠道之一。随着电子商务技术的不断发展和全球物流网络的完善，跨境电商平台为企业提供了直接面向全球消费者的机会。企业可以通过跨境电商平台，将产品销售拓展至海外市场，降低市场进入门槛，实现全球化布局。同时，跨境电商也为消费者提供了更多元化、更便捷的购物体验，促进了国际贸易的发展。

3. 消费者个性化需求的增加

消费者个性化需求的增加成为国际市场发展的重要驱动力。随着生活水平的提高和消费观念的变化，消费者对产品和服务的个性化需求不断增加。企业需要根据消费者的个性化需求，提供定制化的产品和服务，以满足不同消费群体的需求。个性化定制不仅可以提高产品的附加值，还可以提升消费者的满意度和忠诚度，促进品牌的发展和壮大。

二、国际市场中存在的机遇与挑战

（一）机遇

1. 市场规模庞大

国际市场的巨大规模为企业提供了广阔的发展空间和机遇。随着全球化进程的加速，国际市场的边界逐渐模糊，跨国企业可以在全球范围内开展业务，获取更广阔的市场份额。特别是一些人口众多的国家和地区，如中国、印度、东南亚等，拥有庞大的消费市场，为企业提供了巨大的商机和发展空间。

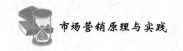

2. 新兴市场增长迅速

新兴市场的快速增长为企业拓展业务提供了机遇，尤其是在亚洲、非洲等地区的新兴市场。这些地区的经济增长率高于发达国家，消费水平不断提升，市场需求旺盛。企业可以通过进入新兴市场，利用其增长潜力和消费升级的趋势，开拓新的业务领域，实现业务增长。

3. 全球化带来的合作机会

全球化进程推动了跨国企业间的合作与交流，为企业在国际市场拓展业务提供了更多合作机会。跨国合作可以促进企业共享资源、降低成本、提升竞争力，拓展市场份额。通过与国际知名企业或当地企业的合作，企业可以更快速地适应当地市场，降低进入新市场的风险，实现共赢发展。

（二）挑战

1. 市场竞争激烈

国际市场竞争激烈，企业面临来自全球范围内的竞争对手的挑战。随着全球化进程的不断推进，越来越多的企业进入国际市场，加剧了市场竞争的激烈程度。企业需要具备核心竞争力和创新能力，才能在激烈的竞争中脱颖而出，占据市场份额。

2. 文化差异导致的沟通障碍

不同文化背景导致的沟通障碍和理解难题是企业在国际市场面临的重要挑战之一。在跨文化交流和合作中，企业可能会遇到语言、习俗、价值观等方面的差异，导致沟通不畅或误解。企业需要加强跨文化沟通能力和文化适应能力，通过培训、招聘多元化团队成员等方式解决文化差异带来的挑战。

3. 法律法规不同带来的风险

不同国家和地区的法律法规差异给企业在国际市场运营带来了法律风险和合规挑战。企业需要了解并遵守各国家和地区的法律法规，以避免法律风险和可能的处罚。同时，国际贸易中的贸易壁垒、关税政策等也可能影响企业的国际业务发展。因此，企业需要建立健全的法律团队和合规制度，加强对国际法律法规的了解和遵守，降低法律风险。

第二节　国际市场进入策略

一、企业进入国际市场的策略与方法

企业进入国际市场的策略和方法应该根据企业自身情况、市场特点以及国际市场的环境来制定。

（一）出口贸易

企业通过出口产品或服务到国外市场进行销售，从而获得国际市场份额。出口贸易的优势在于：

1. 低成本、低风险

出口贸易相比其他国际市场进入方式，如直接投资或合资合作，通常具有较低的成本和风险。这是因为出口贸易无须在目标国家建立物理实体，如分支机构或子公司，从而节省了海外投资的成本和风险。此外，与其他进入方式相比，出口贸易的起步资金要求较低，有助于降低企业的经济负担。

2. 市场进入快速

由于出口贸易无须在目标国家建立实体，企业可以通过现有的生产基地和供应链，较快地进入国际市场。这可以帮助企业更快地抢占市场份额，建立品牌知名度，加速产品销售和收入增长。此外，由于无须等待海外实体的建立和运营，出口贸易可以实现更快的资金回笼，有利于企业的资金流动性和财务管理。

（二）合资合作

合资合作是企业与当地企业进行合作或合资，共同开展业务的一种方式。这种方式可以借助当地合作伙伴的资源和网络，降低市场风险，提高市场适应能力。合资合作的优势包括：

1. 资源共享

合资合作可以帮助企业充分利用当地合作伙伴的资源，如品牌知名度、销售网络、供应链等。在国际市场，当地合作伙伴通常具有丰富的本土资源和经验，可以帮助企业更快地适应当地市场环境，减少市场进入门槛。通过与当地企业合

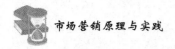

作，企业可以更有效地利用资源，降低市场开拓和经营成本。

2. 降低风险

相比独立开展业务，合资合作可以分担经营风险，减少经营不确定性。由于与当地合作伙伴共同承担经营风险，企业可以更好地应对市场波动、政策变化等风险因素。此外，合资合作还可以减少企业在国际市场的投资风险，尤其是对于初次进入国际市场的企业来说，合资合作是一种较为安全和稳健的选择。

（三）直接投资

直接投资是企业在国外设立子公司或控股企业，直接参与国外市场的经营活动。这种方式可以获得更大的市场份额和控制权，有利于企业在国际市场中建立品牌和影响力。直接投资的优势包括：

1. 控制权

通过直接投资，企业可以直接控制业务运营，更好地适应市场需求。相比于其他进入国际市场的方式，如出口贸易或合资合作，直接投资能够使企业拥有更大的决策权和控制权，可以更灵活地调整经营策略和运营模式，以适应当地市场的变化和需求。

2. 品牌建设

在国外设立实体可以增强企业品牌在国际市场的认知度和影响力。通过在国外设立子公司或控股企业，企业可以向当地消费者展示其品牌形象和产品质量，建立良好的企业信誉和品牌形象，从而提高在国际市场的竞争力和市场份额。此外，通过直接投资，企业还可以更好地了解当地市场和消费者需求，为品牌建设提供更多的市场洞察和机会。

二、不同进入模式的优缺点与适用情况

不同的进入模式各有优缺点，企业应根据自身情况和市场需求选择合适的进入模式：

（一）出口贸易

1. 优点

（1）低成本

出口贸易相对于其他国际市场进入方式，如直接投资或合资合作，具有较低

的成本。企业无须在海外设立实体，无须承担设立成本和运营成本，从而降低了企业的资金投入。

（2）低风险

由于出口贸易无须在海外设立实体，因此相比于其他进入方式，其风险相对较低。企业可以通过与国外买家直接签订合同，降低了市场进入的风险和不确定性。

（3）市场进入快速

出口贸易可以利用现有的生产基地和供应链，快速进入国际市场。企业无须等待在海外设立实体的烦琐流程，可以立即开始向国外市场销售产品或服务。

2. 缺点

（1）贸易壁垒和政策限制

出口贸易受到目标国家或地区的贸易壁垒和政策限制的影响。例如，进口关税、配额限制、贸易条款等都可能影响企业的出口业务，增加了市场进入的难度和成本。

（2）对产品质量和品牌形象的要求较高

国际市场对产品质量和品牌形象的要求较高。企业需要确保产品的质量和安全性符合国际标准，并建立良好的品牌形象和声誉，才能在国际市场上赢得消费者的信任和认可。

（二）合资合作

1. 优点

（1）借助当地合作伙伴的资源和网络

合资合作可以让企业借助当地合作伙伴已有的资源和网络，包括市场渠道、供应链、客户关系等。这样的合作可以帮助企业更快地适应当地市场，降低市场进入的难度和风险。

（2）降低市场风险，提高市场适应能力

通过与当地企业进行合资合作，企业可以分担经营风险，降低经营不确定性。此外，借助当地合作伙伴的经验和资源，企业可以更好地了解当地市场需求和消费者行为，提高市场适应能力。

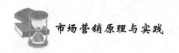

2.缺点

（1）管理和利益分配等方面存在挑战

合资合作可能面临管理层面的矛盾和利益分配等挑战。由于合资合作涉及不同企业之间的合作和决策，可能会出现意见不一致、利益冲突等问题，影响合作的顺利进行。

（2）可能面临文化差异和合作风险

跨文化合作可能面临文化差异和合作风险的挑战。不同国家和地区的文化背景、管理方式、价值观念等差异可能导致合作困难和冲突，影响合作的效果和成果。

（三）直接投资

1.优点

（1）获得更大的市场份额和控制权

通过直接投资，在国外市场建立子公司或控股企业，企业可以获得更大的市场份额和控制权。这种方式可以让企业更加灵活地开展业务，更好地掌控市场局势。

（2）有利于建立品牌和影响力

在国外设立实体可以有助于企业在国际市场建立品牌和影响力。通过直接投资，企业可以与当地消费者更加紧密地接触，提升品牌知名度和美誉度，增强在国际市场的竞争力。

2.缺点

（1）承担更多的成本和管理责任

相比其他进入方式，直接投资需要企业承担更多的成本和管理责任，包括但不限于设立子公司或控股企业的成本、人力资源管理成本、运营成本等。这对企业的财务和管理能力提出了更高的要求。

（2）面临政治、法律、文化等方面的风险

在国外进行直接投资，企业可能面临政治、法律、文化等方面的风险。例如，政治环境的不稳定、法律法规的变化、文化差异导致的沟通障碍等都可能影响企业的经营和发展。

第三节 跨文化市场营销

一、跨文化市场营销中的文化差异与挑战

（一）文化差异对市场营销的影响

1. 文化背景

（1）价值观念

不同文化背景下，人们对于产品的需求和对生活方式的态度可能有所不同。例如，在一些东方文化中，注重家庭和集体，而在西方文化中，个人主义较为突出。

（2）历史传统

历史传统也会影响消费者的购买决策。例如，在一些拥有悠久历史的国家，人们可能更注重传统和文化保护，对于传统工艺品和文化产品有较高的偏好。

2. 语言和沟通方式

（1）语言的选择

不同国家和地区使用不同的语言，因此企业需要针对目标市场的语言特点进行产品命名、广告宣传等方面的策略调整。例如，在中国市场进行广告宣传需要使用中文，而在西班牙市场则需要使用西班牙语。

（2）沟通方式

不同文化背景下，人们对于沟通方式的偏好也有所不同。一些国家的消费者更喜欢直接、坦诚的沟通方式，而另一些国家则更看重礼节和尊重。

3. 社会习俗和礼仪

（1）社会习俗

不同文化背景下的社会习俗会影响到消费者的购买行为和消费习惯。例如，在一些亚洲国家，过年时赠送红包是一种常见的社交礼仪，而在西方国家，圣诞节时送礼物则更为普遍。

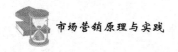

（2）礼仪要求

在不同文化背景下，人们对于礼仪的重视程度也有所不同。企业需要了解并尊重当地的社会文化规范，避免因为礼仪不当而引起消费者的不适和抵触。

（二）文化差异带来的挑战

1. 文化冲突和误解

（1）文化冲突

不同文化背景之间存在的价值观念和行为习惯的差异可能导致文化冲突。例如，某些产品或服务在一个国家可能被视为合适和受欢迎，但在另一个国家可能会引发争议或不被接受。

（2）误解

由于文化差异，企业在跨文化市场营销中可能会产生误解，误解消费者的需求和偏好，进而导致产品定位、营销策略的失误。例如，将一个在本国市场成功的广告活动直接应用到另一个国家，可能因为文化差异而引发负面反应。

2. 产品定位和营销策略的调整

（1）消费者需求和偏好的差异

不同文化背景的消费者对产品的需求和偏好存在差异，因此企业需要灵活调整产品定位和营销策略。例如，某些文化对于产品的外观、颜色、口味等有特定的偏好，需要针对性地调整产品设计和营销手段。

（2）沟通方式和语言障碍

文化差异也可能导致沟通方式和语言障碍，影响企业与消费者之间的有效沟通。企业需要寻找适合目标市场的沟通方式，并确保所使用的语言和表达方式符合当地的文化习惯。

二、跨文化营销策略与实施方法

（一）跨文化营销策略

1. 本土化营销

（1）产品设计与包装调整

在进行产品设计与包装调整时，企业需要综合考虑目标市场的文化差异、消费者的审美观念以及使用习惯等因素，以确保产品能够在跨文化环境中取得市场成功。

首先，产品设计方面需要考虑到目标市场的文化背景。不同的文化会赋予产品不同的含义和象征，因此企业需要确保产品的设计能够符合目标市场消费者的审美观念和文化价值观。例如，在某些文化中，特定的颜色可能具有吉祥或不祥的象征意义，因此企业需要注意避免使用可能会引起负面情绪的颜色，或者根据当地文化的喜好调整产品的颜色设计。

其次，产品包装的调整也是本土化营销策略中的重要环节。产品包装是企业向消费者传递品牌形象和产品信息的重要媒介，因此需要根据目标市场的文化特点进行相应的调整。例如，在某些地区，对于产品包装的要求可能更加注重传统和精致，企业可以考虑采用与当地文化相符合的包装设计风格，以增强产品在目标市场的吸引力和竞争优势。

最后，产品的形状、大小等方面也可能需要进行调整，以适应不同文化背景下消费者的使用习惯和生活方式。例如，某些文化中更注重节俭和实用，可能偏好简约实用的产品设计；而在另一些文化中，消费者可能更倾向于追求奢华和独特性，因此产品设计可能需要更加注重创新和个性化。

（2）营销策略定制

针对目标市场的文化背景，企业需要制定相应的营销策略，以确保营销活动能够与当地消费者的文化价值观和习惯相契合，从而更好地吸引目标市场的消费者，提升产品的市场份额和品牌知名度。

首先，广告宣传是营销策略中至关重要的一环。企业需要根据目标市场的文化特点和消费者的偏好，制定具有文化共鸣的广告内容和形式。这可能涉及选择适合当地文化的广告语言、图像、音乐等元素，以及考虑到当地文化的习俗和价值观念，避免触及敏感话题，确保广告能够引起目标消费者的共鸣和认同。

其次，促销活动也需要根据目标市场的文化背景进行调整。企业可以针对当地的节日、习俗或重要事件开展促销活动，增强与消费者的情感联系。同时，企业还可以根据当地消费者的购买习惯和偏好，制定符合当地市场需求的促销策略，如限时优惠、赠品活动等，以激发消费者的购买欲望，提升销售额和市场份额。

最后，渠道选择也是营销策略中需要重点考虑的方面。企业需要选择适合目

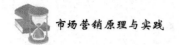

标市场文化特点和消费者购物习惯的销售渠道，以确保产品能够更有效地触达目标消费者。这可能涉及线上渠道和线下渠道的选择，以及与当地零售商和分销商的合作，以实现产品在目标市场的广泛覆盖和销售渠道多样化。

（3）文化敏感性考虑

企业在进入跨文化市场时，必须对目标市场的文化特点有一定的了解和把握，以避免因文化差异而引发的不必要的冲突和误解。文化敏感性考虑涉及多个方面，包括但不限于当地的价值观念、习俗习惯等因素。

首先，企业需要了解目标市场的宗教情况。宗教在很大程度上塑造了人们的生活方式和行为习惯，在跨文化市场中，企业应当尊重当地的宗教信仰，并避免在营销活动中触碰或亵渎敏感的宗教话题，以免引发消费者的反感和不满。

其次，企业还需考虑目标市场的价值观念。不同文化背景下的人们对于道德、家庭、个人权利等价值观念可能存在较大差异，企业应当尊重当地的价值观念，避免在营销活动中传递与当地价值观念相悖的信息，以免引发文化冲突和消费者的反感。

最后，习俗习惯也是文化敏感性考虑的重要方面。不同地区和国家的人们在日常生活中有着各种各样的习俗和传统，企业需要了解并尊重当地的习俗习惯，避免在产品设计、广告宣传等方面触碰敏感的文化底线，以确保营销活动的顺利进行。

2. 全球标准化营销

（1）统一产品和品牌形象

企业在进入跨文化市场时，必须对目标市场的文化特点有一定的了解和把握，以避免因文化差异而引发的不必要的冲突和误解。文化敏感性考虑涉及多个方面，包括但不限于当地的宗教、价值观念、习俗习惯等因素。

首先，企业需要了解目标市场的宗教情况。宗教在很大程度上塑造了人们的生活方式和行为习惯，在跨文化市场中，企业应当尊重当地的宗教信仰，并避免在营销活动中触碰或亵渎敏感的宗教话题，以免引发消费者的反感和不满。

其次，企业还需考虑目标市场的价值观念。不同文化背景下的人们对于道德、家庭、个人权利等价值观念可能存在较大差异，企业应当尊重当地的价值观念，避免在营销活动中传递与当地价值观念相悖的信息，以免引发文化冲突和消费者的反感。

最后，习俗习惯也是文化敏感性考虑的重要方面。不同地区和国家的人们在日常生活中有着各种各样的习俗和传统，企业需要了解并尊重当地的习俗习惯，避免在产品设计、广告宣传等方面触碰敏感的文化底线，以确保营销活动的顺利进行。

（2）利用互联网和数字化平台

在当今全球化和数字化的时代背景下，互联网和数字化平台成为企业进行全球市场营销的重要渠道和工具。通过利用互联网和数字化平台，企业能够轻松将营销信息传播到全球范围内，实现全球市场的覆盖和品牌的推广，从而为企业的全球化战略提供了更多的可能性和机会。

首先，互联网和数字化平台为企业提供了全新的营销渠道。通过社交媒体平台，企业可以与全球消费者进行直接互动，发布产品信息、分享品牌故事，吸引用户关注和参与。这种直接互动的方式使得企业能够更加灵活地传播品牌形象和产品信息，建立品牌与消费者之间的紧密联系。

其次，电子商务平台为企业拓展全球市场提供了便利。随着跨境电商的兴起，企业可以借助电子商务平台，直接面向全球消费者进行产品销售，降低了市场进入门槛，扩大了销售渠道。消费者可以通过这些电子商务平台便捷地购买到来自世界各地的产品，而企业也能够实现全球化布局，提升品牌的国际知名度和竞争力。

最后，互联网和数字化平台为企业实施全球标准化营销提供了强大支持。通过统一的网站设计、品牌形象、营销内容等，在全球范围内实现品牌形象和信息的一致性，增强了品牌的识别度和认知度。企业可以借助数字化平台，以统一的方式向全球市场传递品牌核心价值观和产品优势，提高品牌的全球影响力。

（3）适用于文化差异较小的市场

全球标准化营销策略在文化差异较小的市场中具有更大的适用性和优势。这种市场指的是消费者的文化背景、价值观念、生活习惯等相对类似的市场，其中的文化差异相对较小。在这样的市场环境下，企业可以更加轻松地实现产品和品牌形象的统一，减少对不同文化因素的考虑和调整，从而更有效地进行市场营销。

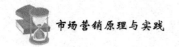

首先，文化差异较小的市场意味着消费者对于产品和品牌的接受度可能更高。由于消费者的文化背景和价值观念相对类似，他们对产品和品牌的认知和偏好可能更加一致，因此，企业可以更容易地制定并实施统一的营销策略，以满足市场需求。

其次，文化差异较小的市场有利于企业构建和维护统一的品牌形象。在这样的市场环境下，企业可以更轻松地在全球范围内统一产品的设计、包装、广告宣传等，确保品牌形象的一致性和稳定性。这有助于提升消费者对品牌的信任和认可度，增强品牌的市场竞争力。

最后，文化差异较小的市场也为企业实施全球标准化营销提供了成本和效率上的优势。相对较小的文化差异意味着企业无须针对不同市场制定独立的营销策略和广告宣传方案，从而节省了营销成本和人力资源投入。同时，统一的营销策略也能够提高营销效率，加强对全球市场的覆盖和影响。

（二）跨文化营销实施方法

1. 深入了解目标市场的文化

（1）文化调研

在文化调研中，企业可以关注以下几个方面的内容：首先，价值观念是文化调研的一个重要方面。不同文化背景下的消费者可能对产品的品质、价格、服务等方面有着不同的价值取向。例如，在一些文化中，注重个人主义和自我表达的价值观念，消费者可能更加注重产品的个性化和定制化；而在一些集体主义文化中，消费者可能更加看重产品的社会认可和群体性价值。因此，企业需要了解目标市场的价值观念，以调整产品设计和营销策略，更好地满足消费者的需求。其次，社会习俗和传统节日也是文化调研的重要内容之一。不同文化背景下的消费者可能会有不同的节日习俗和消费习惯，例如在某些节日或重要场合购买礼品、消费食品等。了解目标市场的社会习俗和传统节日，有助于企业在相应时机推出定制化的产品和促销活动，提升产品在市场中的认知度和销售额。

（2）市场分析

除了文化调研外，对目标市场进行全面的市场分析能够帮助企业更好地了解消费者行为习惯、购买偏好以及竞争格局，为跨文化营销策略的制定提供重要参考依据。

首先，市场分析有助于企业深入了解目标市场的消费者行为习惯。通过收集和分析消费者的购买行为数据、消费偏好调查等信息，企业可以了解消费者在不同文化背景下的购物习惯、消费频率、购买渠道偏好等，从而更准确地把握消费者的需求和行为特征。

其次，市场分析可以帮助企业了解目标市场的购买偏好。通过对市场的需求状况、产品销售情况等方面的分析，企业可以发现消费者对产品的偏好和需求趋势，为产品设计和营销策略的调整提供指导。例如，某些地区的消费者可能更注重产品的功能性和实用性，而另一些地区的消费者则更看重产品的外观设计和品牌形象，企业需要根据不同市场的需求特点，调整产品设计和市场定位。

最后，市场分析还可以帮助企业了解目标市场的竞争情况。通过分析竞争对手的产品线、价格策略、市场份额等信息，企业可以评估市场竞争程度，识别竞争优势和劣势，从而制定更具竞争力的营销策略。同时，市场分析还可以帮助企业发现市场的机遇和挑战，及时调整营销策略，应对市场变化。

2.灵活调整营销策略和沟通方式

（1）产品定位与价格策略

在面对文化差异的挑战时，企业需要灵活调整产品的定位和价格策略，以确保产品能够与目标市场的文化背景和消费者需求相契合。

第一，针对产品定位，企业应该根据目标市场的文化特点进行调整。文化因素会影响消费者对产品的认知和价值观，因此企业需要考虑如何使产品更符合当地消费者的文化偏好和消费习惯。例如，某些地区的消费者可能更注重产品的实用性和功能性，而另一些地区的消费者则更关注产品的外观设计和品牌形象。因此，企业可以针对不同文化背景的消费者群体，调整产品的功能设计、外观风格、包装形式等，使产品更加符合目标市场的需求和审美标准。

第二，针对价格策略，企业也需要考虑文化因素对消费者购买决策的影响。不同文化背景的消费者对价格敏感度和购买习惯有所不同，因此企业需要根据目标市场的消费者群体，制定相应的价格策略。在一些文化背景下，消费者可能更倾向于追求价值和实惠，因此企业可以考虑采取更具竞争力的价格定位，以吸引更多的消费者。而在另一些文化背景下，消费者可能更注重产品的品牌形象和品质，企业可以适度提高产品价格，以体现产品的高端定位和品牌价值。

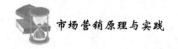

（2）广告宣传与促销活动

文化因素对于消费者的认知和行为有着深远的影响，因此企业需要根据目标市场的文化背景，巧妙地调整广告宣传和促销活动的内容和形式，以确保其能够与当地文化相契合，并有效地吸引目标消费者，提升品牌知名度和市场份额。

第一，针对广告宣传，企业应该选择与目标市场文化相符合的广告语言、图像和符号。不同文化背景的消费者对于广告内容的接受程度和理解能力存在差异，因此企业需要通过深入的文化调研，了解目标市场的文化特点和消费者偏好，选择能够引起共鸣的广告语言和形象，以确保广告宣传的有效传达和理解。例如，某些地区的消费者更偏好幽默、轻松的广告风格，而另一些地区则更注重广告的情感表达和文化内涵，企业可以根据不同文化背景的消费者特点，制定相应的广告策略，以提升广告宣传的影响力和吸引力。

第二，针对促销活动，企业也需要根据目标市场的文化特点，制定能够吸引消费者的促销方案。促销活动在推动产品销售和提升品牌知名度方面起着至关重要的作用，然而不同文化背景的消费者对于促销形式和内容的接受程度存在差异。因此，企业需要根据目标市场的文化特点和消费者需求，设计符合当地文化背景的促销活动，例如结合当地传统节日举办特别促销活动，或是采用与当地文化相关的促销主题，以增强促销活动的吸引力和影响力，提升消费者的购买欲望和品牌忠诚度。

（3）沟通方式和语言选择

不同文化背景下，消费者的语言习惯和沟通方式可能存在差异，因此企业需要根据目标市场的文化特点和消费者需求，精心选择沟通渠道和语言，以确保产品信息和品牌理念能够准确、清晰地传达，并与目标消费者建立起良好的沟通和互动关系。

第一，企业应该选择当地流行的社交媒体平台和传媒渠道作为主要的沟通工具。随着互联网和数字化技术的发展，社交媒体已经成为人们获取信息和交流的主要渠道之一。不同国家和地区可能有不同的社交媒体偏好，因此企业需要深入了解目标市场的社交媒体使用习惯，选择适合的平台进行宣传推广。同时，传统媒体如电视、广播、报纸等仍然在一些地区具有较高的影响力，企业也可以考虑利用这些传媒渠道进行品牌宣传和产品推广。

第二，语言选择也是跨文化营销中的关键因素。企业应该根据目标市场的主要语言，选择适合的语言进行沟通。在某些国家和地区，英语可能是主要的商务语言，而在其他地区则可能存在多种语言并存的情况。因此，企业需要根据目标市场的语言环境，选择使用当地语言或是英语进行沟通，以确保信息的准确传达和消费者的理解。此外，对于涉及多国市场的企业，企业还可以考虑提供多语言版本的产品信息和宣传材料，以满足不同语言群体的需求，增强沟通效果。

第四节　国际品牌建设与推广

一、国际品牌的重要性

国际品牌在全球市场中扮演着至关重要的角色。随着全球化竞争的加剧，国际品牌不仅仅是企业的标志，更是企业竞争力和市场地位的象征。其重要性主要体现在以下几个方面：

（一）增强竞争力和影响力

1. 吸引消费者的注意和信任

国际品牌的建设在吸引消费者的注意和信任方面发挥着至关重要的作用。这种吸引力和信任不仅源于品牌的知名度和影响力，还受到品牌的形象、声誉以及产品或服务的质量和可靠性等因素的影响。以下将从品牌形象、市场声誉和产品质量等方面深入探讨国际品牌吸引消费者注意和信任的机制。

第一，国际品牌建设注重打造良好的品牌形象，这是吸引消费者注意和信任的重要因素之一。良好的品牌形象不仅包括品牌的外观设计和标识，还包括品牌所传达的价值观和文化内涵。例如，耐克（Nike）作为国际知名品牌之一，通过其"Just Do It"的品牌口号和运动精神，成功塑造了积极向上、勇于挑战的品牌形象，吸引了全球范围内的运动爱好者和消费者。这种积极的品牌形象使得消费者更愿意选择耐克的产品，从而增强了品牌在市场上的竞争力和信任度。

第二，国际品牌通常拥有良好的市场声誉，这是吸引消费者信任的重要保障。市场声誉是企业在市场上长期积累的品牌信任和认可度，是消费者对品牌质量、服务和信誉的综合评价。例如，可口可乐（Coca-Cola）作为世界领先的饮料品牌，凭借其长期以来的产品质量和市场表现，赢得了消费者的信任和忠诚。无论是在国际市场还是本土市场，消费者都对可口可乐的产品品牌形象和质量有着高度的认可和信赖。这种良好的市场声誉使得消费者更倾向于选择可口可乐的产品，为其品牌建设和市场发展提供了强大的支持。

第三，国际品牌在产品质量方面往往表现出色，这也是吸引消费者信任的关键因素之一。消费者购买产品或服务时，往往会优先考虑其质量和性能。国际品牌通常拥有先进的生产技术和严格的质量管理体系，能够确保产品的质量和可靠性。例如，苹果（Apple）作为国际知名的科技品牌，以其高品质的产品设计、卓越的性能和稳定的系统表现，赢得了全球消费者的信任和喜爱。消费者购买苹果产品时，往往对其质量和性能有着高度的期待和信任，这也使得苹果品牌在市场上拥有了强大的竞争优势和吸引力。

2. 扩大市场份额

国际品牌的建设对于企业扩大市场份额具有显著的促进作用。这种影响主要体现在品牌的知名度、市场覆盖范围和品牌忠诚度等方面。

第一，知名国际品牌往往具有更高的品牌知名度，这使得企业在市场上更容易被消费者所认知和接受。消费者通常倾向于选择他们熟悉和信任的品牌，而国际知名品牌通常能够满足这一需求。例如，可口可乐、耐克、阿迪达斯等国际品牌在全球范围内享有广泛的知名度和美誉度，消费者在购买时更倾向于选择这些知名品牌的产品或服务，从而为企业赢得更多的市场份额。

第二，国际品牌往往具有更广泛的市场覆盖范围。通过全球化的市场渠道和销售网络，国际品牌能够触及更多的潜在消费者群体，包括不同国家和地区的市场。这使得企业能够在全球范围内实现销售增长和市场份额的扩大。例如，沃尔玛（Walmart）作为国际知名品牌，通过其全球性的零售网络，能够覆盖多个国家和地区的消费者，从而实现了在全球市场上的领先地位和市场份额的稳步增长。

第三，国际品牌往往能够获得消费者更高的品牌忠诚度。消费者对于知名国际品牌的产品或服务往往具有较高的信任和忠诚度，愿意持续购买和支持该品牌。这种品牌忠诚度能够帮助企业稳固现有市场份额，并吸引更多新客户，从而进一步扩大市场份额。例如，作为国际知名科技品牌，苹果公司的产品的用户忠诚度和用户黏性较高，消费者对苹果产品的信任和忠诚度有助于企业在全球范围内保持领先地位和市场份额的稳定增长。

3. 差异化竞争优势

国际品牌通常具有强大的影响力和知名度，这些品牌在全球范围内都有着一定的认知度和美誉度。因此，拥有国际品牌的企业往往能够获得明显的差异化竞争优势，这种优势主要体现在以下几个方面：首先，国际品牌所具备的知名度和美誉度为企业带来了市场认可和信任。消费者往往更愿意选择那些具有良好声誉和历史积淀的国际品牌，因为这些品牌代表着高品质、可靠性和专业性。在面对各种选择时，消费者更倾向于选择自己熟悉并信任的国际品牌，这为企业赢得了在市场上的竞争优势。其次，国际品牌往往代表着一种特定的品牌形象和价值观，与其他竞争对手形成了明显的差异化。这种差异化不仅体现在产品的外观和性能上，更体现在品牌的文化、理念和社会责任等方面。消费者在购买产品或服务时，不仅考虑其质量和性能，还会考虑品牌所代表的价值观是否与自己相符。因此，国际品牌的建设使企业能够更好地区分自己与竞争对手，吸引并留住更多的忠实消费者。此外，国际品牌的建设还为企业拓展国际市场提供了有力支撑。拥有国际知名品牌的企业通常能够更轻松地进入国际市场，并在全球范围内开展业务。国际品牌的影响力和认知度为企业在海外市场树立了良好的口碑和形象，提升了产品在国际市场上的竞争力。

（二）提高产品附加值和溢价能力

1. 消费者信任度和认可度的提升

消费者对国际品牌往往具有更高的信任度和认可度，这是因为这些品牌在全球范围内拥有广泛的知名度和良好的声誉。当消费者看到某个产品带有国际品牌的标识时，他们往往会将其视为高品质、可靠性和专业性的象征，这种认可度和信任度的提升为产品的市场表现带来了显著影响。

首先，国际品牌所代表的品牌形象和价值观在全球范围内都得到了认可和尊重。这些品牌往往具有悠久的历史和卓越的品质，消费者对其产品有着较高的期待和信任。当消费者选择购买国际品牌的产品时，他们更倾向于相信这些品牌能够提供优质的产品和服务，从而愿意支付更高的价格。

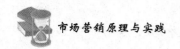

其次，国际品牌的全球知名度和影响力为产品赋予了更高的附加值。这些品牌在全球范围内都有着广泛的销售网络和市场渗透率，消费者在购买产品时往往会将国际品牌视为一种身份象征或社会地位的象征。因此，国际品牌的建设使得产品具有了更强的品牌号召力和吸引力，为产品的销售和市场份额的提升提供了有力支撑。

最后，国际品牌的建设还为产品赋予了更高的溢价能力。消费者对国际品牌的产品往往愿意支付更高的价格，这是因为他们相信这些品牌代表着高品质、创新和价值。因此，国际品牌的建设使得产品能够更轻松地实现溢价定价，从而提高产品的销售收入和利润水平。

2. 产品质量和服务体验的信赖

消费者普遍认为国际品牌的产品具有更高的品质标准和更优质的服务体验，这种认知为国际品牌赢得了消费者的信任和忠诚度。以下是国际品牌在产品质量和服务体验方面的信赖所带来的影响：

首先，国际品牌所代表的高品质是消费者选择其产品的重要原因之一。这些品牌往往注重产品质量的控制和提升，通过严格的质量管理体系和技术创新，确保产品达到国际标准和消费者的期待。消费者对国际品牌产品的信赖源于其对产品质量的认可，他们相信购买国际品牌产品可以获得更长久、更可靠的使用体验。

其次，国际品牌的服务体验往往也备受消费者的信赖和好评。这些品牌在服务方面投入了大量资源，致力于提供全方位、贴心的客户服务。无论是在售前咨询、购买过程中还是售后服务，消费者都能感受到国际品牌所带来的专业、高效和友好的服务体验。消费者对国际品牌服务的信赖使得他们更倾向于选择这些品牌的产品，并且更愿意与其建立长期的合作关系。

最后，国际品牌所代表的创新精神也为产品质量和服务体验的提升提供了有力支持。这些品牌不断推出新产品、新技术和新服务，满足消费者不断变化的需求和期待。消费者对国际品牌的创新能力充满信心，相信这些品牌能够为他们带来更具竞争力和前瞻性的产品和服务体验。

3. 品牌形象和品牌溢价

品牌形象是消费者对品牌的认知和评价，而品牌溢价则指的是消费者愿意为品牌支付超出其基本价值的价格。以下是国际品牌建设对品牌形象和品牌溢价的

影响:

首先,国际品牌通常与高端、时尚、品质等形象联系在一起。这些品牌在全球范围内享有良好的声誉和知名度,被认为是质量可靠、服务优质的代表。消费者对国际品牌的信任和认可使得这些品牌在消费者心目中拥有积极的品牌形象。当产品成功地与国际品牌建立关联时,消费者会自然而然地将产品与高品质、高价值联系在一起,从而提升了产品的品牌形象。

其次,国际品牌的建设有助于提升产品的品牌溢价能力。消费者普遍认为国际品牌的产品具有更高的品质标准和更优质的服务体验,因此愿意为这些产品支付更高的价格。国际品牌所代表的品牌溢价能力使得企业能够获得更高的利润空间,增加产品的附加值和竞争优势。消费者对国际品牌的认可和信赖使得他们更愿意为品牌所提供的品质和价值买单,从而为产品创造了更多的附加价值和溢价空间。

最后,国际品牌的建设还可以带动整个产品类别的品牌形象和品牌溢价水平提升。当一个品牌成功地建立了国际品牌形象时,它往往成为该领域的标杆和领导者,引领着整个行业的品牌形象和价值定位。其他品牌也会受到其影响,逐渐提升自身的品牌形象和品牌溢价能力,形成良性竞争格局。

(三)创造更多的利润和价值

1. 销售增长和市场份额提升

国际品牌的建设为企业创造更多利润和价值的首要途径之一是通过销售增长和市场份额提升。随着国际品牌的知名度和美誉度不断提升,消费者对该品牌的信任和认可度也相应增加,从而吸引了更多的消费者选择购买该品牌的产品。这导致了企业销售量的增长和市场份额的提升,进而为企业带来了更多的销售收入和利润。

在实现销售增长和市场份额提升方面,国际品牌的建设起到了关键作用。首先,国际品牌的知名度和声誉使得消费者更倾向于选择这些品牌的产品,因为他们认为这些产品的品质和性能更可靠。因此,消费者更愿意购买国际品牌的产品,从而推动了企业销售量的增长。其次,国际品牌的市场地位和品牌形象也为企业赢得了更大的市场份额。消费者更倾向于选择知名品牌的产品,因此国际知名品牌往往能够占据更大的市场份额,成为市场的领导者。

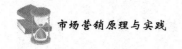

2. 新品推出和相关产品推广

随着品牌知名度的提升，企业可以更轻松地推出新品或推广其他相关产品，并利用已有的品牌影响力和市场渠道迅速吸引消费者的关注和购买。这种品牌延伸和产品线扩展的策略有助于企业进一步扩大业务规模，拓展市场份额，实现更多的销售收入和利润增长。

国际品牌的建设使得企业更容易获得消费者的信任和认可，从而为新产品的推出和相关产品的推广提供了有力支持。消费者更愿意尝试新品或购买与已有产品相关的其他产品，因为他们相信这些产品会延续品牌的优质形象和高品质标准。因此，国际品牌的建设为企业创造了更多的销售机会和利润增长空间。

3. 持续增长和长期发展

随着品牌知名度的不断提升和品牌形象的不断巩固，企业可以在竞争激烈的市场环境中保持竞争优势，不断吸引新客户并保持老客户的忠诚度。这种持续的增长和长期的发展为企业带来了稳定的销售收入和可持续的利润增长，为企业创造了更多的价值。

在实现持续增长和长期发展方面，国际品牌的建设发挥了关键作用。国际品牌通常拥有强大的品牌影响力和品牌忠诚度，使得企业能够更好地抵御市场竞争的压力，保持业务的稳定增长。此外，国际品牌的建设也为企业提供了更多的机会和资源，以实现业务的持续发展和扩张。通过不断加强国际品牌的建设，企业能够巩固其在市场上的地位，并不断拓展新的市场机会，实现持续的增长和长期的发展。

二、国际品牌建设与推广的策略与实施步骤

国际品牌建设与推广需要企业综合考虑市场需求、竞争环境、品牌定位等多方面因素，制定相应的策略和实施步骤。具体而言，可以分为以下几个方面：

（一）市场定位和目标市场选择

1. 明确品牌的定位和核心竞争优势

品牌的定位涉及企业希望在市场中占据的位置，以及品牌所要传达的价值主张和形象。首先，企业需要认真分析产品或服务的特点和优势，以确定品牌的定位。这可能涉及产品的品质、性能、功能特点，或者是服务的独特性和个性化

程度。其次，企业需要明确目标消费者群体，即确定品牌所面向的具体消费者群体。这包括对消费者的年龄、性别、地域、收入水平、生活方式等方面进行深入了解，以便更好地满足其需求和期望。最后，企业需要分析竞争对手的情况，找出自身与竞争对手的差异化竞争优势。这可能包括产品功能的独特性、品牌形象的独特性、价格优势、服务体验等方面的差异。通过明确品牌的定位和核心竞争优势，企业能够更好地制定营销策略，准确定位目标市场，提升品牌知名度和美誉度，从而在国际市场中获得竞争优势。

2. 确定目标受众和市场定位

企业需要通过深入的市场调查和分析，精准地选择适合的目标市场，并明确目标受众和市场定位。首先，企业需要对国际市场进行广泛的调查和研究，以了解不同国家和地区的经济发展水平、消费习惯、文化特点以及法律法规等方面的情况。这包括对目标市场的人口结构、收入水平、消费行为、购买习惯等进行详细分析，以便更好地把握市场动态和趋势。其次，企业需要根据市场调研的结果，明确目标受众群体。这可能涉及对不同年龄段、性别、职业、教育背景等特征的消费者进行细分，以确定最具潜力的目标受众群体。最后，企业需要确定市场定位，即明确品牌在目标市场中的定位和竞争策略。这包括确定品牌的差异化优势和独特的价值主张，以及制定相应的营销策略和推广计划，以实现在目标市场中的市场份额和品牌认知度的提升。通过精准的目标受众和市场定位，企业能够更好地把握市场机遇，提升品牌的竞争力和影响力，实现在国际市场中的持续发展和增长。

（二）品牌形象和文化建设

1. 塑造品牌的独特性和价值观

在国际品牌建设的过程中，塑造品牌的独特性和价值观是至关重要的一环。这个过程涉及品牌的理念、文化和形象，旨在创造与众不同的品牌形象，使消费者对品牌产生认同和共鸣。

首先，企业需要通过品牌故事来传达品牌的独特性和价值观。品牌故事是企业历史、理念和使命的生动展现，能够深刻地影响消费者对品牌的认知和情感体验。通过讲述品牌的发展历程、创始人的初心和愿景，企业可以唤起消费者的共鸣和情感共鸣，从而建立起消费者对品牌的信任和忠诚度。

其次，品牌形象设计是打造品牌独特性的重要手段之一。企业需要通过视觉设计、标识标志等方式，塑造出具有辨识度和吸引力的品牌形象。这包括设计品牌的 Logo、字体、颜色等元素，以及制定统一的视觉形象标准，确保品牌在各种场合下都能够传达出一致的形象和风格。

最后，企业还需要通过企业文化建设来强化品牌的独特性和价值观。企业文化是企业价值观、行为准则和工作氛围的体现，能够深刻影响员工的行为和态度，进而影响品牌的形象和信誉。通过倡导品牌核心价值观，打造积极向上的企业文化，企业可以在内部树立起品牌的独特性和价值观，从而在外部树立起良好的品牌形象和声誉。

2. 提升品牌认知度和美誉度

提升品牌的认知度和美誉度是国际品牌建设和推广过程中至关重要的一环。这需要企业采取持续的品牌推广和宣传行动，通过多种途径扩大品牌的曝光度，加强品牌形象在消费者心中的印象和认知。

首先，企业可以通过参与行业展会来提升品牌认知度和美誉度。参展行业展会是企业向目标受众展示产品和品牌形象的重要途径之一。通过展示产品、演示技术、与客户互动等方式，企业能够吸引更多的关注和关注，扩大品牌的曝光度，并与潜在客户建立起联系和信任关系。

其次，赞助活动也是提升品牌认知度和美誉度的有效手段。企业可以选择赞助体育赛事、文化活动、公益活动等各种类型的活动，将品牌形象与活动主题相结合，通过活动的广泛传播，提升品牌在消费者心目中的形象和地位。

最后，发布新闻稿和与媒体合作也是提升品牌认知度和美誉度的重要途径之一。通过发布新闻稿，企业可以将品牌最新动态、产品信息等内容传播给目标受众，增加品牌的曝光度和关注度。与媒体合作，则可以通过媒体的报道和推广，扩大品牌的影响力和美誉度，增强消费者对品牌的信任和好感。

（三）推广和营销活动

1. 多渠道地推广活动

为了提升品牌的知名度和影响力，企业需要通过多种渠道进行推广活动，以确保覆盖更广泛的受众群体，并提高品牌在不同渠道上的曝光度。这种多渠道的推广活动包括传统媒体广告、社交媒体营销、搜索引擎优化（SEO）、内容营销等方式。

首先，传统媒体广告是品牌推广的重要途径之一。通过在电视、广播、报纸、杂志等传统媒体上发布广告，企业能够将品牌形象和产品信息传播给大量的受众，尤其是针对不同年龄、地区、群体的受众定位进行广告投放，以提高品牌的曝光度和认知度。

其次，社交媒体营销是当前品牌推广的热门方式之一。通过在社交媒体平台上发布内容、与粉丝互动、开展活动等方式，企业能够直接与消费者建立联系，增强品牌与消费者之间的互动性和沟通性，从而提升品牌的知名度和影响力。另外，搜索引擎优化（SEO）也是品牌推广的重要手段之一。通过优化网站内容、提高网站在搜索引擎结果页面的排名，企业能够吸引更多的潜在客户访问网站，增加品牌的曝光度和点击率，从而提升品牌的知名度和影响力。

最后，内容营销也是品牌推广的有效途径之一。企业可以通过发布高质量的内容，如文章、视频、图片等，吸引目标受众的注意力，提升品牌在受众心目中的形象和地位，进而增强品牌的知名度和美誉度。

2. 精准的营销策略

精准的营销策略涉及定制化的促销活动、针对性的市场推广活动以及个性化的客户服务等方面。

首先，定制化的促销活动是一种精准营销的重要手段。企业可以根据目标市场的特点和消费者的偏好，设计符合其需求的促销活动。例如，针对不同节日或季节性需求推出特别促销活动，或者根据消费者的购买行为数据制定个性化的优惠方案，以吸引更多的消费者并促进销售。

其次，针对性的市场推广活动也是精准营销的关键。企业需要根据目标市场的特点和消费者的需求，选择合适的推广方式和渠道。例如，在特定的社交媒体平台上针对目标受众进行精准投放广告，或者通过行业展会、专业论坛等渠道定向推广，以确保广告和推广活动能够精准地触达目标受众，提升品牌的曝光度和认知度。

最后，个性化的客户服务也是精准营销的重要组成部分。企业需要根据消费者的个性化需求和偏好，提供定制化的产品和服务，以增强消费者的满意度和忠诚度。例如，通过建立客户档案和购买历史记录，为消费者提供个性化的推荐和定制化的购物体验，从而提升品牌在消费者心中的形象和价值。

第八章

市场营销策略与规划

第一节　市场营销战略与战术

一、营销战略制定的过程

对企业营销部门来说，在制定相关营销战略管理方案时，需要从营销环境、企业自身发展条件与总体战略目标等方面出发，制定出适合企业未来经营发展需要的营销战略与方针。

（一）外部营销环境分析

要深入分析企业外部营销环境，包含多方面因素，比如经济、政治、法律、技术等，从中挖掘出有利于企业营销的机会，也能够识别出影响营销的威胁因素。

1. 经济环境分析

首先，经济增长速度是一个关键指标，它反映了一个国家或地区的整体经济健康状况。高速增长的经济通常意味着更多的消费者支出和市场活力，为企业提供了更广阔的发展空间。然而，经济增长速度过快可能导致通货膨胀，从而影响消费者的购买力和产品的价格稳定性。因此，企业需要根据不同经济增长速度制定相应的营销策略，以应对市场的变化。

其次，通货膨胀水平是企业营销活动另一个重要考量因素。通货膨胀会导致货币贬值，消费者购买力下降，从而影响产品的需求和定价。企业需要密切关注通货膨胀的发展趋势，灵活调整价格策略和成本控制，以保持产品的竞争力和盈利能力。

最后，利率水平也对企业的营销活动产生重要影响。利率的高低直接影响了企业的融资成本和消费者的借贷能力。较高的利率可能导致企业融资成本上升，从而影响到企业的资金运作和投资决策；而较低的利率则可能刺激消费者的消费意愿，促进产品销售。因此，企业需要根据不同利率水平灵活调整市场营销策略，把握市场机遇。

2. 政治和法律环境分析

首先，税收政策是企业营销活动中的重要因素之一。政府对税收政策的调整可能会直接影响企业的盈利水平和成本结构，进而影响到产品的定价和市场竞争力。税收的增加可能会导致企业成本上升，从而影响到产品价格的制定和市场需求的变化。因此，企业需要密切关注税收政策的变化，及时调整营销策略，以应对可能带来的影响。

其次，贸易政策也对企业营销活动产生重要影响。政府对国际贸易的政策调整可能导致进出口关税的变化，进而影响到企业的国际市场拓展和产品价格竞争力。此外，贸易政策的变化也可能影响到原材料的供应和成本，对企业生产和销售产生影响。因此，企业需要密切关注贸易政策的变化，灵活应对，以保持国际市场竞争力。

最后，市场准入限制也是企业营销活动中需要关注的政治和法律因素之一。政府可能通过法律法规对市场准入进行限制，包括产品标准、认证要求、行业准入门槛等方面的规定。这些限制可能会影响企业的产品销售和市场拓展计划，需要企业进行合规性评估和调整。

3. 技术环境分析

评估当前的技术发展水平和趋势对企业营销策略的制定至关重要。

首先，新技术的应用对营销方式和渠道产生了革命性的影响。随着科技的不断进步，新兴技术如人工智能、大数据分析、虚拟现实等已经成为营销领域的重要工具。通过这些技术，企业可以更精准地了解消费者需求，定制个性化的营销方案，提升市场竞争力。例如，利用大数据分析技术，企业可以分析海量的消费者数据，挖掘消费者行为模式和偏好，从而精准定位目标市场，优化产品定价和推广策略。

其次，信息技术的发展也对营销方式和渠道产生了深远影响。互联网和移动互联网的普及使得消费者获取信息的渠道更加多样化和便捷化，也改变了他们的

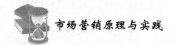

购物行为和消费习惯。因此，企业需要不断跟进信息技术的发展趋势，灵活运用各种数字营销工具和平台，如社交媒体营销、搜索引擎优化、电子邮件营销等，与消费者进行多渠道互动，增强品牌曝光度和影响力。

（二）内部营销条件分析

从整体上分析企业内部的营销条件，比如：从部门的职能与决策权限、企业内部的各项资源、现有的营销方针与营销渠道、企业当前的产品与服务竞争力等因素出发，真正掌握到内部环境对营销因素营销的优势与劣势，更具针对性地提出不同的营销战略方针。

1. 部门职能与决策权限分析

在企业内部，各个部门的职责和权责的清晰界定至关重要。这不仅有助于确保各项任务能够有序推进，还能保证营销战略的制定和执行能够顺畅进行。因此，对部门职能与决策权限进行深入分析十分必要。首先，需要明确各个部门的职责范围，比如市场营销部门负责制定和执行营销策略，销售部门负责销售业绩的实现，产品部门负责产品研发和改进，财务部门负责预算和成本控制等。这样的明确划分有利于各部门在自己的领域内做到专注和高效。其次，必须明确各个部门之间的协作关系和沟通机制。例如，市场营销部门需要与销售部门紧密合作，及时获取市场反馈和销售数据，以便调整营销策略和销售方案。而与产品部门的紧密沟通则有助于确保产品的特点和市场需求的契合，提高产品的市场竞争力。最后，对决策权限的分析至关重要。明确各个部门在营销活动中的决策权限，可以避免决策混乱和决策失误。例如，市场营销部门可能拥有制定市场推广计划的决策权限，而财务部门则拥有预算审核和成本控制的决策权限。通过明确决策权限，可以使决策更加迅速和精准，提高营销活动的效率和效果。

2. 企业内部资源分析

企业内部资源的充分利用对于提高营销效率和效果至关重要。因此，对企业内部的各项资源进行全面评估是必不可少的。首先，人力资源是企业最重要的资源之一。通过对人力资源的分析，可以了解员工的素质和能力结构，从而合理配置人力资源，提高工作效率。例如，通过对员工的培训和技能提升，可以提高其工作能力和专业水平，从而更好地支持营销活动的开展。其次，物质资源也是企业的重要资源之一。物质资源包括办公设备、生产设备、原材料等。通过对物质资源的分析，可以了解其数量和质量，从而更好地利用物质资源，提高生产效率和产品质量。例如，合理调配生产设备和原材料，可以提高生产效率，降低生产成本，从而提高产品的竞争力。最后，财力资源也是企业的重要资源之一。通过对财务资源的分析，可以了解企业的资金状况和财务状况，从而合理利用财务资源，支持营销活动的开展。例如，通过对资金的合理运用和财务风险的控制，可以保证营销活动的顺利开展，提高企业的市场竞争力。

3. 营销方针与营销渠道分析

营销方针和营销渠道的选择对于企业的营销活动至关重要。因此，对营销方针和营销渠道进行分析和优化十分必要。首先，营销方针是企业制定的一系列营销政策和策略的总称，是企业实现营销目标的基本依据。通过对营销方针的分析，可以了解企业的市场定位、目标客户群体和竞争策略等，从而制定出符合企业实际情况的营销策略和方案。例如，通过对目标客户群体的深入了解，可以制定出针对性强的营销方案，提高市场占有率和销售额。其次，营销渠道是企业将产品或服务输送到市场并销售给客户的途径和方式。通过对营销渠道的分析，可以了解各种营销渠道的优势和劣势，从而选择出最适合企业的营销渠道，提高销售效率和销售效果。例如，通过对线上渠道和线下渠道的比较分析，可以确定出适合企业的主要营销渠道，并制定相应的营销策略和方案。

二、营销战略方案的实施与监控

在营销战略方案中，需要解决的问题包括了多个层面的内容。

（一）明确当前年度市场营销的目标

在制定营销战略方案之前，明确当前年度市场营销的目标至关重要。这些目标不仅需要与企业的生产计划和战略目标相一致，还需要基于对市场环境和竞争对手情况的深入分析，确保营销工作与企业整体发展方向保持一致，提高市场竞争力和市场份额。

1. 市场环境分析

首先，全面分析市场环境是明确市场营销目标的基础。这包括对宏观经济形势、行业发展趋势、政策法规等方面的分析，以及对微观市场的细分和竞争格局的研究。通过对市场环境的深入了解，可以把握市场的机遇和挑战，为制定营销

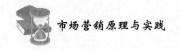

目标提供有力支撑。

2. 竞争对手情况分析

其次，对竞争对手情况进行深入分析是明确市场营销目标的重要环节。需要了解竞争对手的产品特点、市场份额、营销策略等情况，找出竞争对手的优势和劣势，从而制定相应的应对策略。通过对竞争对手的分析，可以明确自身在市场上的定位和竞争优势，为制定营销目标提供参考依据。

3. 市场份额目标的制定

基于对市场环境和竞争对手情况的分析，制定市场份额目标是明确市场营销目标的关键步骤之一。市场份额目标应该具体、可量化，并与企业的生产计划和战略目标相一致。例如，可以制定增加市场份额 5% 或占据市场前三的具体目标，以提高企业在市场上的地位和竞争力。

（二）做好营销政策和策略组合的搭配与选择

在实施营销战略方案时，营销人员需要精心考虑营销政策和策略之间的相互搭配与选择，以确保达到最佳的营销效果和市场影响力。这不仅需要从整体的营销工作计划出发，还需要对各项活动进行细化与分解，提出具体的实施措施。

1. 市场定位与目标客户群体分析

针对不同产品或服务的市场定位和目标客户群体进行深入分析是制定营销政策和策略组合的第一步。了解产品或服务的定位和所要覆盖的目标客户群体的特点，有助于明确营销的方向和重点。

2. 定价策略的选择与调整

定价策略作为营销策略的重要组成部分，需要根据市场需求、竞争状况和消费者行为等因素进行选择和调整。对于高端产品或服务，可以采取高价定价策略以突出品质和独特性；对于普通消费品，可以采取市场导向定价策略以提高市场占有率。

3. 促销策略的设计与实施

促销策略在营销活动中起着重要作用，可以帮助企业吸引顾客、增加销量、提升品牌知名度。根据产品或服务的特点和市场需求，可以制定不同类型的促销策略，包括折扣促销、赠品促销、捆绑销售等，以达到吸引消费者和提升销售的目的。

（三）优化资源配置，确保营销战略顺利实施

在营销战略方案的实施过程中，合理配置和调动各项资源是确保营销活动顺利进行和取得成功的重要保障。这涉及人力资源、物质资源以及财务资源等多个方面的综合考量和有效管理。

1. 人力资源的优化配置

在营销活动中，确保具备专业的营销团队至关重要。这包括市场营销、市场调研、产品推广等方面的专业人才。通过对团队成员的选拔、培训和激励，提高他们的执行能力和创造力，以应对市场竞争的挑战。

定期的培训和学习可以帮助团队成员不断提升自身的专业水平和工作能力，适应市场的变化和需求。同时，合理的激励机制可以激发团队成员的工作热情和积极性，增强团队的凝聚力和战斗力。

2. 物质资源的合理规划与供应

物质资源的合理规划和供应对于营销活动的顺利进行至关重要。这包括广告宣传所需的宣传资料和器材、销售活动所需的展示产品和销售工具等。通过对物资的合理采购和库存管理，可以确保物资的充足供应，提高工作效率。

3. 财务资源的合理调配与管理

在制定营销预算和资金计划时，必须充分考虑市场需求和企业实际情况，合理评估和调配财务资源，确保资金的充足和有效利用。

通过对人力资源、物质资源和财务资源的合理规划和管理，可以确保营销战略的顺利实施和取得成功。合理配置各项资源，提高资源利用效率，不仅可以降低成本，提高效率，还可以提升企业的市场竞争力和盈利能力，实现企业的长期发展目标。

（四）组织与协调市场营销活动的开展

在营销战略方案的实施过程中，组织与协调市场营销活动的开展至关重要。这不仅涉及指挥与协调营销部门内部之间的关系，还需要加强各个部门之间的工作交流与沟通，确保各项活动能够顺利进行，最大限度地实现营销目标。

1. 部门间协作与沟通机制的建立

在实施营销战略方案的过程中，建立起部门间协作与沟通机制是确保营销活动顺利开展和取得成功的至关重要的一环。特别是营销部门需要与其他相关部门

（如产品部门、销售部门、供应链管理部门、财务部门等）建立紧密的联系和有效的沟通渠道，以确保各项活动能够有机衔接，形成整体的营销推进力量。

第一，与产品部门的紧密合作至关重要。营销活动的成功往往依赖于产品的品质和特点。因此，营销部门需要与产品部门密切合作，深入了解产品的特性和优势，以便在营销活动中充分展现产品的价值和吸引力。通过与产品部门的密切合作，营销部门可以更好地了解产品的市场定位和目标客户群体，从而更加精准地制定营销策略和推广方案。

第二，与销售部门的紧密配合也是营销活动成功的关键因素之一。销售部门是直接接触市场和客户的部门，他们了解市场的动态和客户的需求，掌握销售数据和市场反馈信息。因此，营销部门需要与销售部门保持密切联系，及时获取市场信息和销售数据，以便及时调整营销策略和销售方案，提高销售业绩和市场占有率。

与供应链管理部门和财务部门的紧密配合也是营销活动成功的重要保障。供应链管理部门负责产品的供应和物流管理，而财务部门负责资金的调配和预算控制。营销部门需要与这两个部门密切配合，共同制定合理的供应链和资金支持方案，确保营销活动能够顺利进行，并保证资金的充足支持。

第三，加强跨部门的工作交流与沟通是确保营销活动顺利开展的关键。通过定期召开跨部门会议、建立跨部门工作协调小组等方式，促进各个部门之间的信息共享和工作协作，及时解决问题和调整方案，确保营销活动能够有序进行，最终实现企业的营销目标。

2. 与产品部门的密切合作

在当今竞争激烈的市场环境下，产品的独特性和优势是企业在市场中脱颖而出的关键因素之一。因此，营销部门与产品部门之间的密切合作至关重要。这种合作关系不仅是为了确保产品特点与市场需求的契合，更是为了在营销活动中准确传递产品价值，满足消费者的需求。

第一，营销部门与产品部门之间的密切合作需要建立在充分了解产品的基础上。这包括对产品的功能、特点、优势和劣势等方面的深入了解。营销人员需要全面掌握产品的特性和特点，以便能够准确地向消费者传递产品的核心价值和优势，从而提升产品在市场中的竞争力。

第二，密切的合作关系还需要在产品定位和市场需求方面进行深入沟通和协商。营销部门需要了解市场的需求和趋势，以便根据市场情况调整产品定位和市场定位，确保产品能够与消费者的需求相匹配。同时，产品部门也需要向营销部门提供产品相关的市场信息和反馈，以便营销人员能够及时调整营销策略和推广方案。

第三，密切的合作关系还需要在产品推广和营销活动的执行方面进行有效地协调和配合。营销部门需要与产品部门共同制定产品推广计划和营销策略，确保营销活动能够有效地传递产品的价值和优势。同时，在营销活动的执行过程中，营销人员还需要与产品部门保持密切联系，及时反馈市场情况和消费者反馈，以便产品部门能够及时调整产品设计和改进产品质量。

3. 与销售部门的紧密配合

销售部门作为营销活动的执行者，扮演着直接与市场和客户接触的角色，他们的工作直接关系到企业的销售业绩和市场占有率。在这样的背景下，营销部门与销售部门之间的紧密配合显得尤为重要。这种配合关系不仅仅是为了保证信息的畅通和及时沟通，更是为了能够充分利用销售部门所获取的市场信息和销售数据，从而及时调整营销策略和销售方案，以提高销售业绩和市场占有率。

第一，营销部门与销售部门的紧密配合需要建立在信息共享和沟通的基础上。销售部门通过与客户的直接接触，能够获取到市场的最新动态和客户的反馈信息。而营销部门则需要及时了解这些信息，并加以分析和利用。因此，建立起有效的信息共享机制和沟通渠道是保障两个部门能够紧密配合的前提条件。

第二，营销部门需要充分利用销售部门所获取的市场信息和销售数据，进行有效的市场分析和销售预测。通过对市场趋势、竞争状况和客户需求等方面的分析，营销部门能够更加准确地把握市场动态，从而及时调整营销策略和推广方案，以应对市场的变化和挑战。

第三，营销部门需要与销售部门密切配合，共同制定销售目标和计划，并监控销售业绩和市场表现。通过定期的销售数据分析和业绩评估，营销部门能够及时发现问题和短板，并与销售部门共同探讨解决方案，以提高销售效率和市场竞争力。

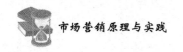

第二节　SWOT分析与竞争优势

一、SWOT分析在市场营销中的应用价值

（一）SWOT分析的概念及意义

SWOT分析是市场营销中常用的工具，用于评估企业内外部环境的优势、劣势、机会和威胁。其概念在于对企业内外部因素进行系统性分析，以便更好地理解企业所处的环境，为制定有效的营销策略提供依据。SWOT分析的意义在于帮助企业全面了解自身的优势和劣势，以及外部环境的机会和威胁，从而更好地把握市场动态，制定灵活、可行的营销战略。

（二）SWOT分析的应用范围

SWOT分析在市场营销中的应用范围广泛，可用于各个阶段的市场营销过程中。首先，在市场调研阶段，可以通过SWOT分析来评估市场的内外部环境，为选择目标市场提供数据支持。其次，在目标市场确定阶段，SWOT分析有助于发现市场机会和挑战，为制定市场定位提供指导。再者，在竞争对手分析阶段，通过对竞争对手的优劣势、机会和威胁进行SWOT分析，有助于制定对策应对竞争。最后，在营销策略制定阶段，SWOT分析可以帮助企业根据自身情况和市场环境制定出更具针对性和可操作性的营销策略。

（三）SWOT分析的步骤

SWOT分析主要包括四个步骤。首先是识别企业的优势和劣势，这涉及对企业内部的资源、技术、品牌声誉等方面进行评估。其次是分析外部环境的机会和威胁，这需要对市场趋势、竞争格局、法律法规等因素进行评估。然后是将内外部因素进行匹配分析，即将企业的优势与外部的机会相匹配，克服劣势，利用机会。最后是制定相应的营销策略和行动计划，根据SWOT分析的结果，制定出适合企业发展的营销策略，明确实施步骤和时间节点。

（四）SWOT 分析的价值

SWOT 分析为企业提供了一种系统性的方法来评估自身和市场环境，具有重要的价值。首先，它有助于企业全面了解自身和市场环境的情况，为制定战略提供了客观的数据支持。其次，SWOT 分析有助于发现企业的优势和劣势，及时把握市场机会，应对市场威胁，为企业的长期发展提供了有效的保障。最后，通过 SWOT 分析，企业可以优化资源配置，提高市场竞争力，实现可持续发展的目标。

二、企业如何发掘与巩固竞争优势

（一）竞争优势的概念及重要性

竞争优势是企业在市场竞争中相对于竞争对手所拥有的一种特殊地位或者能够为消费者提供的独特价值。这种优势不仅是企业长期生存和发展的基石，也是企业实现持续盈利和稳健增长的关键因素。在当今激烈竞争的市场环境下，企业若能够确立和巩固自身的竞争优势，将能够更好地吸引客户、保持市场份额、提高盈利水平，并在行业中保持领先地位。

竞争优势的概念实质上是指企业相对于竞争对手所拥有的一种独特的资源、能力或者地位，使得企业能够在市场中脱颖而出，并取得相对优势。这种优势可以体现在多个方面，包括但不限于产品创新、品牌声誉、成本领先、供应链管理、销售网络、客户关系等。企业竞争优势的核心在于能够满足消费者的需求，提供比竞争对手更高的价值，从而赢得客户的青睐和市场的认可。

竞争优势的重要性不言而喻。

首先，拥有竞争优势意味着企业能够更好地满足客户的需求，提供高质量的产品或服务，从而建立起良好的品牌形象和用户口碑。

其次，竞争优势可以帮助企业降低生产成本，提高生产效率，实现规模经济，从而在价格竞争中占据优势地位。

最后，竞争优势还可以帮助企业在市场中建立起壁垒，阻止竞争对手的进入，稳固企业的市场地位。最重要的是，竞争优势可以为企业创造持续的经济利益，实现长期可持续发展。

在竞争激烈的市场环境中，企业需要不断地寻求、发掘和巩固自身的竞争优

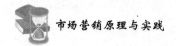

势。这需要企业具备创新精神、灵活的市场响应能力、高效的资源配置和管理能力等。同时，企业还需要不断地关注市场变化和竞争对手的动态，及时调整战略和策略，以确保竞争优势的持续性和稳定性。

（二）发掘竞争优势的途径

1. 技术创新

技术创新是企业获得竞争优势的重要途径之一。通过持续的技术研发和创新，企业可以不断推出具有差异化特点和领先性能的新产品或服务，以满足市场不断变化的需求。技术创新可以体现在产品的设计、制造工艺、功能特性、生产效率等方面。例如，引入先进的生产技术和设备，提高产品的质量和生产效率；开发新型材料或应用新技术，使产品具有更高的性能和竞争优势；推出具有智能化、互联网化特点的产品，满足消费者个性化需求。通过技术创新，企业可以不断提升自身的竞争力，实现长期的发展目标。

2. 产品差异化

产品差异化是企业获取竞争优势的重要途径之一。通过对产品的设计、功能、质量、品牌形象等方面进行差异化定位，使产品在市场上具有独特的竞争优势，吸引更多的消费者。产品差异化可以通过多种方式实现，如改进产品设计，增加产品功能，提高产品质量，打造独特的品牌形象等。例如，某些企业通过在产品设计上加入创意元素或者提供个性化定制服务，使产品更加个性化和与众不同；有些企业通过提供更高品质的原材料或者独特的生产工艺，使产品在质量上具备优势；还有些企业通过打造独特的品牌形象和故事，塑造产品的独特魅力，吸引消费者的关注和认同。通过产品差异化，企业可以在激烈的市场竞争中脱颖而出，树立起自己的竞争地位，实现市场份额的增长和盈利能力的提升。

3. 成本领先

企业可以通过提高生产效率和降低生产成本来实现产品成本的优势，从而以更具竞争力的价格吸引客户，获取更大的市场份额。成本领先可以通过多种途径实现，如提高生产效率、降低原材料采购成本、优化生产工艺、节约生产能源等。例如，企业可以通过引进先进的生产设备和技术，提高生产效率和产品质量，降低生产成本；可以通过与供应商建立长期稳定的合作关系，获取原材料的优惠价格；还可以通过采用节能环保的生产工艺，降低生产成本，提高企业的竞争力。通过成本领先，企业可以在市场竞争中以更低的价格提供产品，吸引更多的消费者，实现市场份额的扩大和盈利能力的提升。

（三）巩固竞争优势的策略

1.持续创新

持续创新是巩固竞争优势的关键。企业应当不断进行产品、技术和管理方面的创新，以保持竞争优势的持续性和可持续性。通过持续的创新，企业可以不断推出具有新功能、新特性或者更高性能的产品，满足市场不断变化的需求。同时，技术创新还可以帮助企业降低生产成本、提高生产效率，从而提升竞争力。

2.优化产品和服务

优化产品和服务是巩固竞争优势的重要手段之一。企业应不断改进产品的设计、质量、性能等方面，以提升产品的竞争力和吸引力。通过不断优化产品和服务，企业可以更好地满足客户的需求和期望，增强客户的满意度和忠诚度。此外，优化产品和服务还可以帮助企业提高市场份额，巩固自身在市场中的地位。

3.建立品牌忠诚度

建立品牌忠诚度是巩固竞争优势的重要途径之一。通过提供优质的产品和服务，企业可以建立起客户的品牌忠诚度，使其成为企业的忠实支持者和长期合作伙伴。品牌忠诚度可以帮助企业稳固市场份额，减少客户流失率，提高客户的复购率和口碑推广效应。因此，企业应当注重提升产品品质和服务水平，加强品牌建设和品牌管理，树立起良好的企业形象和品牌价值，以吸引更多的客户并留住现有客户。

第三节 市场营销计划制定

一、市场营销计划的编制步骤与要素

（一）环境分析

1.外部环境分析

外部环境分析在市场营销计划中扮演着至关重要的角色。

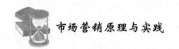

首先，企业需要深入了解行业竞争格局。这包括识别主要竞争对手以及他们在市场上的地位和策略。通过分析竞争对手的市场份额、产品特点、定价策略、促销活动等，企业可以更好地把握市场动态，找到自身的定位和竞争优势。

其次，对市场规模和增长率的分析也是必要的。了解市场的规模和增长趋势可以帮助企业评估市场的潜力和发展趋势，从而制定相应的营销策略和目标。

再者，消费者需求趋势的分析也是至关重要的。随着消费者需求的不断变化，企业需要及时调整产品和服务，以适应市场的需求变化。

最后，政策法规的变化也会对企业的营销活动产生重要影响。企业需要密切关注相关政策法规的变化，确保自身的营销活动符合法律法规的要求，避免因政策风险而影响市场竞争力。

2. 内部环境分析

内部环境分析在市场营销计划中具有重要作用。

第一，企业需要评估自身的资源情况。这包括人力资源、财务资源、物资资源等方面的现状和可利用程度。人力资源是企业最宝贵的资产之一，评估员工的素质、技能和数量，以及团队的协作能力和执行力，对于确定营销策略的可行性和实施效果至关重要。财务资源是支撑企业营销活动的重要保障，评估企业的财务状况、资金流动性和投资能力，有助于确定营销预算和资源配置。物资资源则包括生产设备、原材料等，对产品供给和生产能力产生直接影响，需要充分评估其现状和可利用程度，以保障营销活动的顺利开展。

第二，企业需要关注产品特点、品牌形象以及市场定位等因素。产品特点包括产品的功能、性能、质量、外观等方面的特点，企业需要评估产品的竞争优势和市场竞争力，以确定产品在市场中的定位和竞争策略。品牌形象是企业在消费者心目中的形象和印象，评估品牌形象的好坏和影响力，有助于确定品牌推广和传播的策略，提升品牌价值和市场地位。市场定位则是企业在市场中的定位和定位策略，企业需要评估自身在目标市场中的位置和竞争优势，以确定市场定位的合理性和可行性。

（二）目标设定

在市场营销计划的制定过程中，目标设定是其中至关重要的一步。在完成了对外部环境和内部环境的全面分析后，企业需要明确市场营销的目标，以指导后续的执行和评估工作。这些目标应该是具体、可量化的，能够为企业提供明确的方向和衡量标准，以便在实施过程中进行有效的监控和调整。

首先，一个明确的市场营销目标应该具有可量化性。这意味着目标必须能够以具体的数字或指标来表达，以便于量化和衡量。例如，一个典型的市场营销目标可以是实现一定百分比的销售额增长，提升市场份额至特定比例，或者在一定时间内提高产品或品牌的知名度指数。

其次，目标设定应该考虑到外部环境的变化和企业自身的实际情况。外部环境的变化包括市场竞争态势、消费者需求变化、政策法规调整等因素，这些都可能对企业的市场营销活动产生影响。因此，目标设定需要结合外部环境的变化趋势进行合理预测和评估。同时，企业自身的实际情况也是目标设定的重要考量因素，包括企业的资源情况、产品特点、市场定位等方面的考虑。

最后，目标的设定应该具有可行性和挑战性。目标过于理想化或不切实际将导致实施过程中的困难和挫折，而过于保守的目标则可能无法激发员工的积极性和创造性。因此，企业在设定目标时需要综合考虑市场环境、企业实际情况以及未来发展趋势，确保目标既具备可行性，又能够激发团队的斗志和创新精神。

（三）策略规划

在市场营销计划的策略规划阶段，企业需要制定一系列有针对性的策略，以确保实现市场营销的目标并在竞争激烈的市场环境中取得优势地位。这些策略涵盖了产品、价格、促销、渠道等多个方面，需要综合考虑市场需求、竞争状况和企业自身资源等因素。

首先，产品定位策略是制定市场营销策略中的关键一环。企业需要明确产品的定位，即确定产品在市场上的定位和差异化特点，以满足目标客户群体的需求。这可能涉及产品的功能、性能、品质、设计等方面的定位，以及产品与竞争对手产品的区别和优势之处。

其次，定价策略在市场营销中具有重要意义。企业需要根据产品定位、目标市场、成本和竞争对手价格等因素制定合适的定价策略。这可能涉及采用不同的定价策略，如高价策略、低价策略、市场定价策略等，以实现市场份额和利润最大化的目标。促销策略也是市场营销中的重要组成部分。企业可以通过促销活动来吸引客户、提升品牌知名度、促进产品销售等。促销策略可以包括折扣促销、

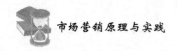

赠品促销、广告促销、线上线下联动促销等多种形式，根据产品特点和目标市场的需求进行选择和组合。

最后，渠道策略也是市场营销中不可忽视的一环。企业需要选择合适的销售渠道，以确保产品能够高效地输送到目标客户手中。渠道策略可能涉及直销、经销商、零售商、电商平台等多种渠道的选择和管理，需要综合考虑渠道的覆盖范围、成本、效率等因素。

（四）实施计划

在市场营销计划的实施过程中，制定详细的实施计划是确保各项活动顺利执行的关键步骤。实施计划的制定需要充分考虑策略规划的内容，并将其转化为具体的行动步骤和时间安排，以及资源的合理分配和绩效的评估体系。

首先，实施计划需要明确具体的行动步骤和任务分工。这包括确定谁负责执行哪些具体的任务，任务的完成时间节点，以及任务的具体内容和目标。通过明确任务分工，可以确保各项工作有序推进，避免出现任务重叠或漏项的情况。

其次，实施计划需要合理分配资源。这包括人力资源、物质资源和财务资源等方面的分配。需要确保所需资源的充足性和合理性，以支持市场营销活动的顺利开展。同时，还需要考虑到资源的有效利用，避免资源的浪费和低效使用。再者，制定时间表是实施计划中的重要环节。需要明确各项任务和活动的时间安排，确保在规定的时间内完成，并按时达成目标。时间表的制定应该考虑到各项活动的先后顺序和相互关联性，以及外部环境的变化和不确定性。

最后，建立绩效评估体系是实施计划中的关键一环。需要明确如何对市场营销活动的执行情况和效果进行评估，并采取相应的措施进行调整和优化。评估体系应该具体、可行，并能够客观地反映市场营销活动的效果和质量。

（五）预算安排

预算安排在市场营销计划中扮演着至关重要的角色。它是企业资金分配的指导方针，直接影响着营销活动的开展和执行效果。预算安排需要全面考虑各项营销活动的成本，并且需要与预期的收益和效益相匹配，以确保资金的有效利用和最大化的投资回报。

首先，预算安排需要对各项营销活动的成本进行全面评估和分析。这包括广告宣传费用、促销活动费用、渠道开发费用、人力资源成本、市场调研费用等方面的支出。对每个活动的成本进行详细核算，确保预算的全面性和准确性。

其次，预算安排需要与预期的收益和效益相匹配。即使是必要的营销活动，也需要根据其预期带来的收益和效益来进行资金投入的决策。这意味着需要对每项活动的预期收益进行合理估计，并将预算分配给那些能够带来较高投资回报率的活动。再者，预算安排需要考虑到市场环境的变化和不确定性。市场环境的变化可能会对营销活动的成本和效果产生影响，因此需要在预算安排中留有一定的灵活性和调整空间，以应对市场变化带来的挑战。

最后，预算安排需要与企业整体战略和目标相一致。预算的制定应该考虑到企业的财务状况、发展阶段、市场地位等因素，确保预算的合理性和可行性，以支持企业的长期发展和竞争优势的持续增强。

二、市场营销计划的执行与监控

（一）实施执行

1.制定详细的实施计划

在市场营销计划的实施阶段，制定详细的实施计划是确保活动顺利执行的关键。这包括以下几个方面：

（1）确定执行步骤

将市场营销策略转化为具体的执行步骤是实施计划的首要任务。企业需要明确定义每个市场营销活动的执行步骤，确保每个环节都清晰可行。

（2）资源分配

根据实施计划中的活动需求，合理分配人力、物力、财力等资源。确保每个活动都有足够的资源支持，以保证执行的顺利进行。

（3）制定时间表

为每个执行步骤设定明确的时间表和截止日期，确保活动按时完成。合理安排时间，避免出现时间紧迫或冲突的情况。

（4）确定责任人

明确每个执行步骤的责任人和相关部门，建立清晰的责任分工和沟通机制。这有助于提高执行效率和责任心，确保每个活动得到有效管理和监督。

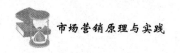

2.落实市场营销活动

（1）产品推广

根据市场定位和目标客户群体，选择合适的推广渠道和方式，进行产品宣传和推广。可以通过广告、促销、公关活动等手段，提高产品的知名度和美誉度。

（2）广告宣传

设计和发布广告，包括线上线下广告、平面广告、视频广告等，以吸引目标客户的注意力，促进产品销售和品牌传播。

（3）促销活动

组织各类促销活动，如特价促销、满减活动、赠品活动等，以刺激消费者购买欲望，提高产品销量。

（4）渠道拓展

寻找新的销售渠道，拓展产品销售范围，增加产品曝光度和销售机会。可以通过与经销商、代理商、电商平台等合作，拓展产品销售渠道。

3.及时调整和优化

（1）监测执行效果

定期对市场营销活动的执行效果进行监测和评估，分析活动数据和反馈信息，及时发现问题和不足之处。

（2）反馈调整

根据监测评估的结果，及时调整和优化市场营销活动。可以对活动内容、执行方式、资源配置等进行调整，以提高活动效果和执行效率。

（3）持续优化

市场营销活动是一个持续优化的过程。企业需要不断总结经验教训，优化管理流程和执行方式，提高市场营销活动的执行效果和效率，以适应市场的变化和竞争的挑战。

（二）监控评估

1.设定关键绩效指标（KPI）

（1）销售增长率

作为最直接的指标之一，销售增长率反映了市场营销活动对销售业绩的影响。企业可以设定销售额的增长率作为关键绩效指标，以衡量市场营销活动的效果。

（2）市场份额

通过监测企业在目标市场中的市场份额变化，可以评估市场营销活动对企业在市场竞争中的地位影响。如果市场份额增长，则说明市场营销活动取得了一定的成功。

（3）客户满意度

客户满意度是衡量企业产品或服务质量的重要指标。通过定期调查客户满意度，企业可以了解客户对产品或服务的感受和意见，从而优化市场营销策略。

（4）品牌知名度

品牌知名度是企业在市场上的重要资产之一。通过监测品牌知名度的提升情况，可以评估市场营销活动对品牌影响力的增强程度。

（5）线索转化率

对于线上营销活动，线索转化率是衡量活动效果的重要指标。企业可以追踪线索转化率，了解潜在客户从了解产品到最终购买的转化过程，以评估营销活动的效果。

2. 持续监控市场反馈

（1）市场调研

定期进行市场调研，收集市场数据和信息，了解消费者需求和市场趋势的变化，为调整市场营销策略提供依据。

（2）竞争对手分析

对竞争对手的市场活动进行监测和分析，了解竞争对手的动态和策略变化，及时调整自身的市场营销策略，保持市场竞争力。

（3）社交媒体监测

追踪社交媒体上与企业相关的讨论和评论，了解消费者对产品或服务的反馈和意见，及时回应和处理用户反馈。

3. 定期评估市场营销效果

（1）定量评估

通过分析销售数据、市场份额、客户满意度调查结果等定量数据，评估市场营销活动的效果和成本，并对活动的实施情况进行量化评估。

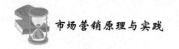

（2）定性评估

除了定量数据外，还需要对市场营销活动的影响进行定性评估。例如，通过用户反馈、市场调研等方式，了解市场营销活动对品牌形象、用户体验等方面的影响。

（3）绩效对比

将实际效果与预期目标进行对比分析，发现差距并及时调整市场营销策略，以确保实现预期目标。

（三）反馈调整

1. 根据监控评估的结果调整策略

根据监控评估的结果，企业需要以敏锐的洞察力和果断的决策能力对市场营销计划进行反馈调整。这种调整可能涉及多个方面，包括市场营销策略、预算分配、执行方式等。

首先，企业可能需要重新评估市场环境和竞争对手的动态，以及消费者的反馈和需求变化。通过对市场趋势的重新分析，企业可以发现潜在的机会和威胁，从而调整市场营销策略，以更好地满足市场需求。

其次，企业可能需要重新审视预算分配，确保资金的合理利用，重点投入到对市场影响最大的领域。同时，还需要根据市场反馈和绩效评估结果，对执行方式进行调整，可能涉及推广渠道的调整、产品定位的优化、促销活动的重新设计等。

最后，企业在调整市场营销策略时需要及时、灵活地作出反应，不断优化和改进，以确保市场营销活动能够实现预期的效果和目标。这种持续的反馈调整过程是市场营销计划成功实施的关键，能够帮助企业及时应对市场的变化和竞争的挑战，保持竞争优势，实现长期可持续发展。

2. 提出改进建议

在反馈调整的过程中，企业需要深入分析市场营销活动的执行效果和市场反馈，以提出有效地改进建议。

首先，针对市场营销策略，企业可以考虑调整产品定位、定价策略、促销活动等方面。例如，如果市场反馈显示产品定位不准确或者与目标客户群体需求不符，企业可以重新定位产品，并针对不同客户群体制定相应的营销策略。

其次，针对执行方式，企业可以考虑优化推广渠道、提升销售团队的执行能力等方面。通过选择更有效的推广渠道和销售渠道，企业可以提高市场覆盖率和销售效率，实现更好的市场表现。

最后，企业还可以通过加强销售团队的培训和激励，提升他们的执行能力和工作积极性，从而更好地推动市场营销活动的实施。最后，针对资源配置，企业可以考虑优化预算分配、调整人力资源配置等方面。通过合理配置资源，企业可以确保资金和人力资源的有效利用，提高市场营销活动的效益和效果。总之，提出改进建议是市场营销计划持续优化的关键环节，能够帮助企业更好地适应市场变化，提升市场竞争力，实现长期发展目标。

（四）持续改进

1. 总结经验教训

在市场营销活动的执行与监控过程中，企业不可避免地会遇到各种挑战和困难，因此及时总结经验教训显得尤为重要。

首先，企业需要反思市场营销策略的制定和执行过程中的不足之处。这可能涉及市场分析不够全面、目标设定不够具体、策略规划不够精准等问题。通过深入分析这些问题的原因和根源，企业可以更好地了解自身存在的问题，并在未来的市场营销活动中加以改进。

其次，企业需要审视执行过程中的问题和挑战。这可能包括执行计划不够详细、资源分配不合理、执行团队能力不足等方面的问题。通过总结这些经验教训，企业可以找到改进的方向，例如优化实施计划、加强资源管理、提升员工培训等，以确保市场营销活动的顺利实施。

最后，企业还应从市场反馈和竞争对手的动态中吸取经验教训。市场反馈可能表现为产品需求变化、竞争加剧、消费者偏好变化等方面的信息，而竞争对手的动态则反映了市场的实际情况和竞争态势。通过及时分析这些信息，企业可以调整市场营销策略，应对市场的变化和挑战。

2. 优化管理流程

优化管理流程对于提升市场营销活动的执行效率和质量至关重要。

首先，企业可以通过优化组织架构来实现管理流程的优化。这包括重新评估部门设置和职责分工，确保各部门之间的协作和配合更加紧密高效。通过合理的

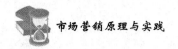

组织结构，企业可以更好地实现信息流、决策流和执行流的畅通，从而提高市场营销活动的执行效率。

其次，优化工作流程也是管理流程优化的重要内容。企业可以通过重新设计和优化工作流程，简化决策流程、规范操作流程，减少重复劳动和资源浪费。通过引入先进的管理工具和技术，例如信息化系统、项目管理软件等，可以有效提升工作效率和质量，降低管理成本，从而增强市场营销活动的执行能力。

最后，提升团队协作效率也是管理流程优化的重要环节。企业可以通过建立团队协作机制、加强沟通和协调，培养团队合作意识和团队凝聚力。通过定期召开工作会议、制定明确的工作计划和目标，可以确保团队成员之间的信息共享和协作配合，提高市场营销活动的执行效率和质量。

第四节　市场营销绩效评估与调整

一、市场营销绩效评估的指标与方法

（一）销售增长率

在企业的市场营销策略中，销售增长率是一项至关重要的指标，因为它直接反映了市场营销活动对销售业绩的影响。这一指标通过比较不同时间段的销售额变化，为企业提供了评估市场营销活动效果的重要依据。其计算简单直观，但背后蕴含着丰富的数据分析和市场洞察，对于企业的发展至关重要。

1. 计算方法的简单性

销售增长率的计算相对简单直观，通常采用的是以下公式：

销售增长率 =（本年销售额 - 上年销售额）÷ 上年销售额

这一计算方法不涉及复杂的数学模型或统计学原理，使得企业可以快速准确地评估市场营销活动的效果，及时调整和优化策略。

2. 数据背后的市场洞察

销售增长率背后蕴含着更深层次的市场洞察。首先，企业需要对不同时间段内的销售数据进行细致分析，了解销售额的波动情况及其背后的原因。这可能涉及季节性因素、市场竞争状况、产品生命周期等多方面因素的考量，需要通过市场调研和数据挖掘等手段进行深入分析。

3.市场营销活动的效果评估

销售增长率的变化反映了市场营销活动对销售业绩的影响程度。当销售增长率呈现出积极的趋势时，说明市场营销活动取得了成功，吸引了更多的客户或提高了客户的购买力，从而推动了销售额的增长。相反，若销售增长率下滑或停滞不前，则需要审视市场营销策略的有效性和执行情况，及时进行调整和改进。

（二）市场份额

市场份额是企业在特定市场中所占的比例，是衡量企业在市场竞争中地位的重要指标。通过监测市场份额的变化，可以评估企业市场地位的稳固程度和市场竞争力的增强程度，从而判断市场营销活动的效果。这一指标在市场营销领域扮演着至关重要的角色，对企业的战略决策和市场定位具有重要意义。

1.市场份额的定义和计算

市场份额是企业在特定市场中的销售额占总市场销售额的比例。市场份额（市场占有率）根据不同市场范围有四种测算方法：

（1）总体市场

指一个企业的销售量（额）在整个行业中所占的比重。

（2）目标市场

指一个企业的销售量（额）在其目标市场，即它所服务的市场中所占的比重。一个企业的目标市场的范围小于或等于整个行业的服务市场，因而它的目标市场份额总是大于它在总体市场中的份额。

（3）三大竞争者

指一个企业的销售量和市场上最大的3个竞争者的销售总量之比。

如：一个企业的市场份额是30%，而它的3个最大竞争者的市场份额分别为20%，10%，10%，则该企业的相对市场份额就是30%÷40%=75%，如4个企业各占25%，则该企业的相对市场份额为33%。一般地，一个企业拥有33%以上的相对市场份额，就表明它在这一市场中有一定实力。

（4）最大竞争者

指一个企业的销售量与市场上最大竞争者的销售量之比。若高于100%，表

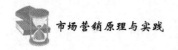

明该企业是这一市场的领袖。

2. 市场份额的重要性

市场份额在市场营销决策中具有重要意义。首先，它是评估企业市场竞争力的重要指标之一。通过监测市场份额的变化，企业可以了解自身在市场中的地位相对于竞争对手的优劣势，从而制定相应的竞争策略。其次，市场份额也是衡量市场营销活动效果的重要依据。当市场份额增长时，表明企业的市场营销活动取得了成功，吸引了更多的客户或提高了客户的购买意愿；反之，市场份额的下降可能意味着市场竞争加剧或者市场需求变化，需要及时调整营销策略。

3. 市场份额的监测与分析

企业需要通过定期监测市场份额的变化来了解市场趋势和竞争格局。在市场份额分析中，除了关注企业自身的市场份额变化外，还需要对竞争对手的市场份额进行比较和分析。通过对竞争对手市场份额的监测，企业可以了解竞争对手的市场策略和行动，及时调整自身的战略，保持市场竞争力。

（三）品牌知名度

随着市场竞争的加剧和消费者选择的增多，品牌知名度的提升对企业的竞争优势和市场地位至关重要。在现代商业环境下，通过科学的方法评估和提升品牌知名度成为企业品牌建设的关键一环。

1. 品牌知名度的定义和本质

品牌知名度是指消费者对特定品牌的认知程度，包括品牌名称、产品特性、品牌形象等方面的了解程度。它是消费者选择产品时的重要考量因素之一，直接影响消费者的购买决策和品牌忠诚度。品牌知名度的提升不仅意味着企业在市场中的知名度和影响力增强，还能带来更多的市场机会和业务增长。

2. 评估品牌知名度的方法

为了准确评估品牌知名度的变化，企业可以采用多种方法：

（1）调查问卷：设计针对目标消费者群体的调查问卷，通过调查消费者对品牌的知晓程度、印象评价、购买意向等方面的信息，来评估品牌知名度的变化情况。

（2）网络搜索量：利用网络搜索引擎的数据分析工具，监测特定品牌相关关键词的搜索量和趋势，从搜索量的变化趋势中评估品牌知名度的变化。

（3）社交媒体分析：通过分析社交媒体平台上关于品牌的提及量、互动量、用户评论等信息，来了解消费者对品牌的关注程度和品牌形象的传播效果。

3. 品牌知名度与市场营销活动的关系

品牌知名度的提升与市场营销活动密切相关。有效的市场营销活动可以增强消费者对品牌的认知和好感，从而提升品牌知名度。而品牌知名度的提升又可以进一步增强品牌的市场竞争力，形成良性循环。因此，企业在制定市场营销策略时，需要充分考虑如何通过不同的营销手段和渠道来提升品牌知名度，从而实现品牌价值的最大化。

（四）客户满意度

客户满意度作为衡量客户对企业产品和服务满意程度的指标，在现代商业环境中具有至关重要的地位。它直接反映了企业的产品质量、服务水平以及与客户的互动体验，对企业的长期发展和竞争优势具有重要影响。客户满意度的提升不仅可以增强客户的忠诚度和留存率，还能为企业带来口碑推广和持续的业务增长。

为了全面了解客户的满意程度，企业需要采取一系列有效的措施。

首先，定期进行客户调查是评估客户满意度的有效途径之一。通过设计合理的调查问卷，企业可以收集客户的反馈意见和建议，了解客户对产品质量、价格、售后服务等方面的满意程度，从而及时发现存在的问题和改进的空间。

其次，积极收集客户的反馈信息也是评估客户满意度的重要手段。企业可以通过建立客户反馈渠道，鼓励客户提出意见和建议，及时回应客户的需求和问题，建立起良好的沟通和互动机制。

最后，利用数据分析工具对客户满意度数据进行深入分析也是必不可少的。通过对客户满意度数据的统计和分析，企业可以发现客户满意度的变化趋势和影响因素，为制定针对性地改进措施提供依据。

客户满意度的提升需要企业在产品质量、服务水平、沟通交流等方面持续努力。首先，企业需要不断提升产品质量，满足客户的基本需求，并不断进行产品创新和改进，以提升产品的竞争力和客户满意度。其次，优质的售前和售后服务也是提升客户满意度的关键。企业应加强员工的专业培训，提高服务质量和效率，及时解决客户的问题和投诉，以树立良好的企业形象和品牌声誉。最后，建

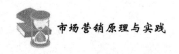

立健全的客户关系管理体系，加强与客户的沟通和互动，及时了解客户需求和反馈，也是提升客户满意度的重要举措。

二、市场营销策略的灵活调整与优化

（一）实时市场监测：建立快速响应机制

在当今竞争激烈的市场环境中，实时市场监测成为企业应对市场变化的首要步骤。实时市场监测的核心目标在于建立快速响应机制，以便企业能够及时了解市场动态、竞争对手的举措，并迅速做出相应调整以应对市场趋势和竞争态势的变化。这一环节在市场营销策略的制定和优化中扮演着至关重要的角色。

1. 数据收集与分析

实时市场监测的关键在于及时收集、分析并转化市场数据为有用信息。企业可以利用各种工具和技术，如网络爬虫、社交媒体监测、市场调查等，收集关于市场动态、消费者行为、竞争对手举措等方面的数据。通过对这些数据的深度分析，企业可以快速了解市场的变化和趋势，为决策提供科学依据。

2. 快速反应机制建立

企业需要设定明确的监测指标和阈值，一旦市场出现重大变化或关键指标超出预设范围，即可触发相应的应对措施。这可能涉及调整产品定价、修改营销活动、调整供应链策略等方面，以确保企业能够迅速适应市场的变化。

3. 竞争对手分析

除了监测市场的变化，对竞争对手的行动进行分析也是实时市场监测的重要内容。通过监测竞争对手的产品发布、促销活动、市场反应等情况，企业可以及时了解竞争对手的策略和举措，从而制定相应的应对计划，保持竞争优势。

4. 技术支持与人才培养

实时市场监测需要依赖于先进的技术和专业人才。企业应投资于市场监测技术的研发和应用，如人工智能、大数据分析等，以提高监测的效率和准确性。同时，企业还应注重人才培养，建立一支专业的市场监测团队，确保能够及时有效地应对市场变化。

5. 与销售团队的协作

实时市场监测不仅需要市场营销部门的配合，还需要与销售团队的密切协作。销售团队是企业与市场直接接触的重要渠道，他们能够及时反馈市场的动态和客户的需求，为市场监测提供宝贵的信息资源。因此，建立市场营销部门与销售团队之间的紧密合作关系至关重要，以便实现快速响应和有效调整。

（二）灵活调整策略：根据市场反馈调整策略

在市场环境不断变化的情况下，灵活调整策略成为企业应对市场挑战和实现长期发展的重要举措。企业需要不断根据市场反馈和内外部环境的变化，灵活调整市场营销策略，以保持与市场需求的一致性，提升竞争力。

1. 产品定位的调整

随着市场需求和竞争态势的变化，企业需要灵活调整产品定位，以满足消费者不断变化的需求。这可能涉及产品功能的改进、定价策略的调整、品牌形象的重新塑造等方面。通过不断优化产品定位，企业可以更好地适应市场的变化，提升产品的竞争力。

2. 促销活动的变化

促销活动是企业吸引客户、提升销售的重要手段，但是促销策略需要根据市场情况进行灵活调整。企业应根据市场反馈和竞争对手的举措，及时调整促销活动的内容、方式和时机，以确保其能够有效吸引消费者、提升销售额。

3. 渠道拓展的调整

随着消费者购物习惯的变化和新兴销售渠道的出现，企业需要不断调整渠道拓展策略，以更好地覆盖目标市场。这是一个持续进行的过程，企业需要密切关注市场趋势和竞争对手的动态，灵活选择适合自身发展的销售渠道，并不断优化渠道布局和管理方式，以保障产品能够准确地传达到目标客户手中。

4. 品牌形象的调整

品牌形象是企业在市场中的重要资产，但随着市场变化和消费者需求的变化，品牌形象也需要不断调整和优化。企业可以通过重新包装产品、改进广告宣传、提升服务质量等方式，调整品牌形象，以更好地满足市场需求，提升品牌价值和竞争力。

（三）数据驱动决策：科学依据支持决策

在市场营销策略的制定和优化过程中，数据驱动决策扮演着至关重要的角色。通过充分利用数据分析工具和技术，企业可以基于科学依据进行市场营销决

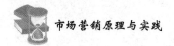

策，提高决策的准确性和有效性，从而实现市场竞争优势。

1. 数据收集与整合

数据驱动决策的第一步是数据的收集与整合。企业需要收集各个方面的数据，包括市场销售数据、消费者行为数据、竞争对手数据等，将这些数据进行整合和清洗，以确保数据的准确性和完整性。

2. 数据分析与挖掘

收集到的数据需要经过深度分析和挖掘，以提取其中的有用信息和规律。企业可以借助各种数据分析工具和技术，如数据挖掘、机器学习等，对数据进行分析和建模，发现市场趋势、消费者偏好等信息，为决策提供科学依据。

3 绩效评估与优化

数据驱动决策不仅包括对市场的分析，还包括对市场营销活动的绩效评估。企业需要建立相应的绩效指标和评估体系，对市场营销活动的效果进行定量和定性的评估，及时发现问题和优化空间，并调整策略以提高营销效果。

4. 实时监测与反馈

数据驱动决策需要建立实时监测和反馈机制，以保证数据的及时性和有效性。企业可以借助实时数据监测系统和反馈机制，对市场和营销活动进行实时监测和分析，及时发现问题和调整策略，以应对市场的变化。

5. 数据安全与隐私保护

在数据驱动决策的过程中，企业需要重视数据安全和隐私保护。企业应建立健全的数据管理和保护体系，确保数据的安全性和隐私性，避免数据泄露和滥用，同时合法合规地使用数据进行决策和营销活动。

参考文献

[1] 梁湘.以能力建设为基础的销售人员培训实践与思考 [J].石油化工管理干部学院学报，2020（22）：21-23.

[2] 隆晓方.关于有效推进企业培训工作的研究 [J].中国产经，2021（13）：11-12.

[3] 陈恭华.向培训要结果：5D 培训项目的设计与实践 [M].中国财富出版社，2019（1）：1-3.

[4] 华连芳.程福根.基于训战结合理念的场景化培训模式探析 [J].农银学刊，2020（3）：2-3.

[5] 张辉.现代企业管理中营销战略管理创新思考 [J].中国市场，2020（03）：1-2.

[6] 屈笑羽.浅谈新经济背景下企业市场营销战略新思维 [J].中国集体经济，2019（25）：24-25.

[7] 季子豪.市场营销战略管理与创新研究 [J].现代营销（下旬刊），2019（02）：2-3.

[8] 周原.浅谈企业市场营销战略的管理 [J].商讯，2019（03）.

[9] 刘佼佼.浅谈企业市场营销管理及创新分析 [J].现代商业，2019（01）：1-2.

[10] 王思远.现代化企业管理中营销战略管理创新思考 [J].生产力研究，2018（11）：11-12.

[11] 闵艳.企业市场营销战略管理研究 [J].企业改革与管理，2016（23）：22-23.

[12] 朱庆春."互联网 +"时代企业战略管理创新分析 [J].现代营销（下旬刊），2017（09）：8-9.

[13] 车嘉懿.品牌管理战略的市场营销及创新策略探究 [J].黑龙江人力资源

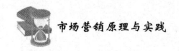

和社会保障，2022（13）：60-62.

[14]于涛.市场营销战略管理与创新研究[J].产业创新研究，2022（9）：141-143.

[15]徐明炜.市场营销战略管理与创新的思考[J].农村经济与科技，2022，33（8）：231-233.

[16]黄诗娉.市场营销战略管理与创新研究[J].营销界，2022（5）：38-40.

[17]武晓.市场营销战略管理与创新研究[J].中国管理信息化，2020，23（22）：128-129.

[18]张辉.现代企业管理中营销战略管理创新思考[J].中国市场，2020（3）：171-172.

[19]李怀堤."互联网+"背景下基于大数据视角的零售业营销战略创新[J].现代商贸工业，2020（9）：78-79.

[20]洪一菲.针对我国现代企业中的市场营销战略的相关研究[J].商讯，2021（21）：110-112.

附　录

附录一　产品的需求和偏好问卷调查

亲爱的受访者：

感谢您参与本次问卷调查。本调查旨在了解您对产品的需求和偏好，以帮助我们更好地满足您的消费需求。您的意见对我们非常重要，我们承诺所有信息将被保密，并仅用于研究目的。

请您根据实际情况，如实填写以下问题。在填写问卷时，请根据您的个人经验和感受进行回答。

1. 产品特点

（1）您购买产品时最看重的特点是什么？请在以下选项中选择所有适用的内容：

☐产品功能

☐产品性能

☐产品设计

其他，请注明：＿＿＿＿＿＿＿＿

（2）您对目前产品的哪些方面感到满意？请描述。

＿＿＿＿＿＿＿＿＿＿＿＿＿＿＿＿＿＿＿＿＿＿＿＿＿＿＿＿＿＿＿＿＿＿＿

＿＿＿＿＿＿＿＿＿＿＿＿＿＿＿＿＿＿＿＿＿＿＿＿＿＿＿＿＿＿＿＿＿＿＿

（3）您认为产品有哪些需要改进的地方？请描述。

＿＿＿＿＿＿＿＿＿＿＿＿＿＿＿＿＿＿＿＿＿＿＿＿＿＿＿＿＿＿＿＿＿＿＿

＿＿＿＿＿＿＿＿＿＿＿＿＿＿＿＿＿＿＿＿＿＿＿＿＿＿＿＿＿＿＿＿＿＿＿

2. 价格敏感度

（1）您认为产品的价格是否合理？

☐ 完全合理

☐ 有点偏高

☐ 太高了

☐ 不确定

（2）如果产品价格上涨了 10%，您是否仍然会购买？

☐ 是

☐ 否

3. 品牌偏好

（1）您最喜欢的产品品牌是哪个？为什么？

_____

_____

（2）对于不同品牌的产品，您更倾向于购买哪一个？请简要说明原因。

_____

_____

感谢您的参与！

注：此问卷仅供调查使用，所有信息仅用于研究目的，不会被用于其他用途。

附录二　消费者购物偏好和体验的问卷调查

尊敬的受访者：

您好！我们是一家专注于市场调研的企业，正在进行关于消费者购物偏好和体验的调查。您的参与对我们的研究非常重要，请您耐心填写以下问卷，您的回答将帮助我们更好地了解市场需求和改进产品和服务。

1. 请问您上次购物是在什么时间进行的？

☐ 本周

☐ 一个月内

☐ 半年内

☐ 一年以上

2. 您通常选择哪种购物方式？

☐ 实体店购物

☐ 网上购物

☐ 手机 APP 购物

☐ 其他（请注明）＿＿＿＿＿＿＿＿

3. 在您选择购物的时候，最重要的因素是什么？

☐ 价格

☐ 商品质量

☐ 品牌声誉

☐ 促销活动

☐ 服务态度

☐ 其他（请注明）＿＿＿＿＿＿＿＿

4. 您对现有的购物体验满意吗？请简要说明原因。

＿＿＿＿＿＿＿＿＿＿＿＿＿＿＿＿＿＿＿＿＿＿＿＿＿＿＿＿＿＿＿＿＿＿＿＿

＿＿＿＿＿＿＿＿＿＿＿＿＿＿＿＿＿＿＿＿＿＿＿＿＿＿＿＿＿＿＿＿＿＿＿＿

5. 您认为在购物过程中最需要改进的是什么？

＿＿＿＿＿＿＿＿＿＿＿＿＿＿＿＿＿＿＿＿＿＿＿＿＿＿＿＿＿＿＿＿＿＿＿＿

＿＿＿＿＿＿＿＿＿＿＿＿＿＿＿＿＿＿＿＿＿＿＿＿＿＿＿＿＿＿＿＿＿＿＿＿

6. 您是否会选择一家品牌，而不是根据价格来购买商品？为什么？

＿＿＿＿＿＿＿＿＿＿＿＿＿＿＿＿＿＿＿＿＿＿＿＿＿＿＿＿＿＿＿＿＿＿＿＿

＿＿＿＿＿＿＿＿＿＿＿＿＿＿＿＿＿＿＿＿＿＿＿＿＿＿＿＿＿＿＿＿＿＿＿＿

7. 您是否愿意为更好的购物体验支付更高的价格？

＿＿＿＿＿＿＿＿＿＿＿＿＿＿＿＿＿＿＿＿＿＿＿＿＿＿＿＿＿＿＿＿＿＿＿＿

＿＿＿＿＿＿＿＿＿＿＿＿＿＿＿＿＿＿＿＿＿＿＿＿＿＿＿＿＿＿＿＿＿＿＿＿

8. 您在购物时更倾向于选择什么类型的商品？

☐ 实用性商品

☐ 时尚潮流商品

☐ 品牌商品

☐ 独特设计商品

☐ 其他（请注明）＿＿＿＿＿＿＿＿

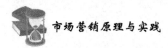

9. 您经常在购物前查看商品的评论和评价吗？

☐ 是

☐ 否

10. 您对我们的调查有任何其他建议或意见吗？

_____

_____

感谢您抽出时间参与我们的调查！您的反馈对我们非常重要，我们将会认真倾听您的声音，不断改进我们的产品和服务。